Nat Wadsworth

Datenmanagement mit dem Apple II

Aus dem Programm Mikrocomputer

Spielprogramme für den Apple IIc
von H. Franklin, J. Koltnow und L. Finkel

BASIC-Wegweiser für den Apple II
von E. Kaier

BASIC für Fortgeschrittene
von W. Schneider

Strukturiertes Programmieren in BASIC
von W. Schneider

BASIC-Programmierbuch
von E. Kaier

Vieweg

Nat Wadsworth

Datenmanagement mit dem Apple II

Ein BASIC-Programmpaket zum persönlichen Informationsmanagement

Übersetzt von Helmut Kühnelt

Friedr. Vieweg & Sohn   Braunschweig/Wiesbaden

CIP-Kurztitelaufnahme der Deutschen Bibliothek

Wadsworth, Nat:
Datenmanagement mit dem Apple II: e. Basic-
Programmpaket zum persönl. Informationsmanagement/
Nat Wadsworth. Übers. von Helmut Kühnelt. —
Braunschweig; Wiesbaden: Vieweg, 1985.
    Einheitssacht.: Data base management for the Apple ⟨dt.⟩

Dieses Buch ist die deutsche Übersetzung von
Nat Wadsworth
Data Base Management for the Apple

Übersetzung aus dem Amerikanischen: Priv.-Doz. Dr. Helmut Kühnelt, Wien

1985

Satz: Vieweg, Braunschweig

ISBN-13: 978-3-528-04318-6   e-ISBN-13: 978-3-322-87775-8
DOI: 10.1007/978-3-322-87775-8

Vorwort

Für dieses Buch haben wir uns folgende Ziele gesetzt:

1. Die Organisation und Verarbeitung von Information ist eine wichtige Anwendung von Heimcomputern. Dieser Einsatzbereich wird oft mit dem Begriff Datenbankverwaltung umrissen. Dafür wollen wir eine Einführung geben.

2. Wir bieten dem Leser ein einfaches, jedoch zweckmäßiges Programm zur Informationsverwaltung an, das in einer höheren Programmiersprache (BASIC) geschrieben ist. Dieses Programm soll helfen, Grundvorgänge der computerunterstützten Datenverwaltung kennenzulernen und zu verstehen.

3. Schließlich wollen wir dem Leser die Möglichkeit bieten, auf der Grundlage eines gut dokumentierten Programms Veränderungen vorzunehmen und Verbesserungen anzubringen, die seinen spezifischen Einsatzzwecken entgegenkommen.

Um diese Ziele zu erreichen, mußten zahlreiche Entscheidungen bei der Entwicklung des Programms getroffen werden. Viele Gesichtspunkte mußten gleichzeitig berücksichtigt werden. Wo Kompromisse notwendig waren, trafen wir unsere Wahl zu Gunsten einfacher Bedienung und Darstellung anstatt „trickreicher" Programmierung, erhöhter Arbeitsgeschwindigkeit oder weiterer Fähigkeiten des Programms.

Aus langjähriger Programmiererfahrung weiß ich nur zu gut, daß kein Programm alle Anforderungen erfüllen kann, die in der Praxis auftreten. Mit der ausführlichen Dokumentation des Programms, die in diesem Buch enthalten ist, habe ich versucht, dem Leser mit weitergehenden Ansprüchen und Absichten einen Ausgangspunkt zu geben, von dem er zu einem Programm nach seinem Geschmack gelangen kann. Dadurch erhält der Leser wesentlich mehr Freiheit als beim Kauf eines Programms auf einer kopiergeschützten Diskette.

Ich bin überzeugt, daß die Freiheit, Entscheidungen zu treffen, ein Teil der Lebensqualität ist. Ein positiver Aspekt der Verwendung von Mikrocomputern besteht gerade darin, daß sie uns helfen, die richtigen Entscheidungen zu treffen. Dabei kann uns die Datenbankverwaltung helfen, indem sie Information organisiert. Wenn wir wissen, wie Computerprogramme arbeiten, können wir geeignete Änderungen vornehmen, damit sie die gestellten Aufgaben in Zukunft nach unseren Wünschen erfüllen. Ist dies nicht eine wunderbare Sache?

Nat Wadsworth

Inhaltsverzeichnis

1
Einführung in die programmgestützte Datenbankverwaltung

„Datenbankverwaltung". Dieses Wort scheint heute in aller Munde zu sein. Doch was meint man, wenn man diesen Begriff gebraucht? Tatsächlich hängt die genaue Bedeutung des Worts „Datenbankverwaltung" zum Teil vom Zusammenhang ab, in dem es gebraucht wird!

Eine Person, die in einer Firma mit der Buchhaltung betraut ist und fällige Rechnungen zusammenstellt, betreibt Pflege einer Datenbank.

Wer eine Liste der Adressen seiner Freunde, Verwandten und Bekannten führt, hat eine Datenbank.

Auch der Lehrer, der über die Noten seiner Schüler Buch führt, verwaltet eine Datenbank.

Versicherungen, Banken, und auch das Finanzamt unterhalten riesige Datenbanken. Schweigen wir lieber über das Finanzamt...

Sie merken, lieber Leser, das zentrale Problem der Datenbankverwaltung — und dies können Sie an allen angeführten Beispielen nachprüfen — ist die gezielte Kontrolle von Information.

Wozu die Information kontrollieren? Damit sie wirkungsvoller eingesetzt werden kann! Durch Zufall zustande gekommene Faktensammlungen haben wenig Wert, aber Wissen, das geordnet und verfügbar ist, kann ungeheuren Wert besitzen.

Der Buchhalter, der nur weiß, daß irgendwelche Kunden die Rechnungen schuldig geblieben sind, wird kaum das Geld beschaffen können, damit seine Firma die fälligen Löhne zahlen kann. Derselbe Angestellte kann durch Prüfung der Aufzeichnungen Rechnungsnummer, fällige Beträge und Adressen der Schuldner feststellen und damit zur rechtzeitigen Bezahlung offener Rechnungen beitragen.

Wenn Sie Namen und Adressen Ihrer Freunde, Verwandten und Bekannten auf Zettelchen in allen Ecken und Winkeln herumliegen lassen, werden Sie sicher einige Freunde verlieren. Doch wenn Sie jene Information zum Beispiel in einem kleinen altmodischen Notizbuch festhalten und nach

Familiennamen ordnen, ja, dann können Sie rasch Telefonnummer oder Adresse jener Mitmenschen feststellen, mit denen Sie in Kontakt treten wollen.

Wehe dem Lehrer, der beim Sprechtag nicht genaue Auskunft über die Leistungen der Schüler geben kann!

Und erst das Finanzamt! Wäre es nicht ein Jammer, wenn es plötzlich nicht mehr die Information über Einkünfte und Steuerpflicht der Bürger organisieren und nutzen könnte?

1.1 Ordnen bedeutet Arbeit

Im Umgang mit Information ist Ordnung eines der Hauptprobleme. Es bedarf harter Arbeit und fortgesetzter Bemühung, die Daten in organisiertem Zustand zu erhalten.

Es gibt ein universell gültiges Gesetz, das die Wissenschaft das Gesetz von der Entropie nennt. Seine wesentliche Aussage besagt, daß alle Dinge zerfallen oder in Unordnung geraten, wenn man sie sich selbst überläßt. Nun, dieses Gesetz der Physik wurde nicht erfunden, um als Lehrsatz über Informationsverarbeitung zu dienen. Doch wenn Sie Ihre persönliche Erfahrung bedenken, werden Sie mir sicher zustimmen: Es scheint eine geheimnisvolle „Kraft" zu geben, die der Information nachstellt. Information scheint sich zu verflüchtigen und zunehmend in Unordnung zu geraten, wenn man sie nicht betreut! Und — es scheint großer Arbeit — Energie — zu bedürfen, Information in brauchbarer Form zu erhalten.

Leider scheinen die meisten Menschen jedoch nur ungern den beständigen Kampf zu führen, die Information organisiert zu erhalten. In Büros sieht man die Angestellten lieber telefonieren als die Papierberge auf ihren Schreibtischen in Ordnung bringen.

Lehrer klagen oft über die Bürde, stets genaue Aufzeichnungen über die Leistungen ihrer Schüler führen zu müssen und alle möglichen Tabellen mit besten Noten, Notendurchschnitten, Notenverteilungen... anlegen zu müssen. Das ist harte Arbeit, wie sie mir versichern!

Und erst das Finanzamt! Unzählige Leute betreuen Akten, die die Information über uns Steuerzahler enthalten. Bezahlt werden diese Leute mit unserem Geld! Das Resultat: Information zu organisieren ist also nicht nur mühsam, sondern auch noch teuer!

1.2 Lassen wir doch den Computer arbeiten!

Warum auch nicht? Davon soll dieses Buch handeln: Lassen wir einen Computer soviel Arbeit wie möglich verrichten, wenn es um die Organisation und Sammlung von Information geht. Dann haben Sie und ich mehr Zeit, die Information zu nutzen und zu unserem Vorteil anzuwenden.

Wissen ist Macht! Es braucht viel Aufwand, um Daten zu sammeln, zu ordnen und auszuwerten und es erfordert Mühe, sie geordnet zu erhalten. Doch gebändigt und unter Kontrolle kann Information zu konkreten Resultaten führen.

Natürlich wissen Sie, daß ein Computer für viele Aufgaben gut geeignet ist, die mit der Verwaltung verschiedener Arten von Information zusammenhängen. Der Computer kann so programmiert werden, daß er Fakten und Zahlen effizient speichert, wieder zur Verfügung stellt, umordnet und nach bestimmten Kriterien auswählt. Oft erfolgen solche Operationen in der

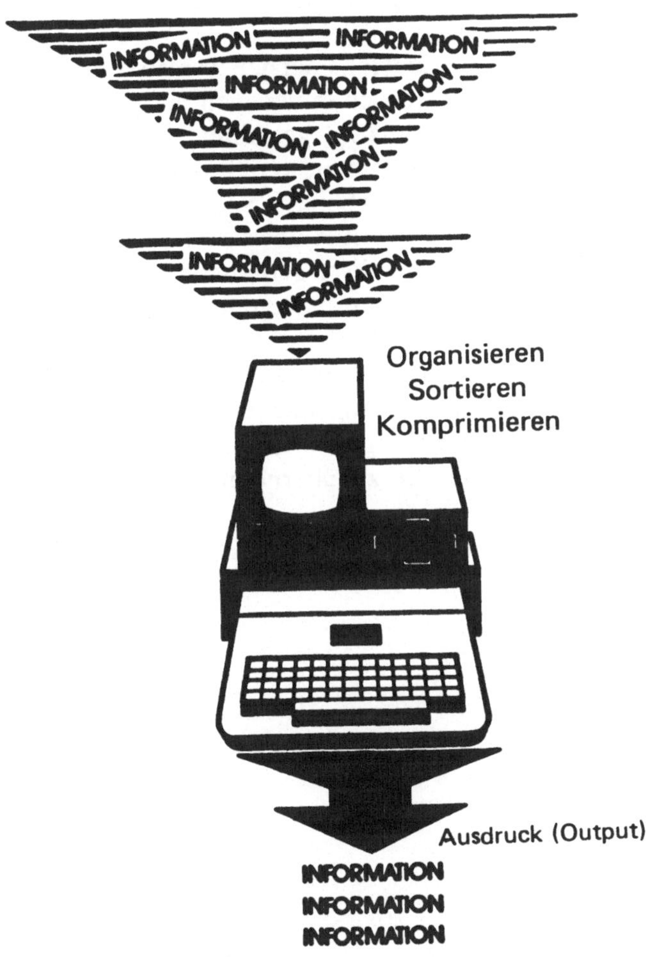

Abb. 1 Mit dem Datenbank-Programm von Kapitel 3 können Sie rasch Ihre Daten organisieren, archivieren und gezielt nutzen.

sprichwörtlichen „Windeseile". Selbst umfangreiche Aufgaben, für die ein einzelner Mensch leicht einige Tage brauchen kann — zum Beispiel Sortieraufgaben — können von Mikrocomputern in wenigen Minuten ausgeführt werden.

Bei sich wiederholenden Arbeiten zeigt der Computer einen weiteren Vorteil gegenüber dem Menschen: Er ist zuverlässig. Solange der Computer richtig funktioniert und das verwendete Programm — das wollen wir doch hoffen! — fehlerfrei ist, wird er unbeirrt den Regeln folgen, die seinem Arbeiten zu Grunde gelegt wurden. Da gibt es keine Fehler, kein Ablegen in das falsche Fach, wo die Information auf immer verloren sein kann. Der Computer tut genau das (und nur das), was ihm aufgetragen wurde. (Wenn Sie ihm allerdings den falschen Auftrag erteilen, wird er ihn leider auch durchführen.)

Der Computer kann große Informationsmengen verarbeiten. Informationsmengen, bei denen die meisten Menschen verzweifeln würden, werden von der Maschine ohne Murren regelmäßig geordnet, nach bestimmten Gesichtspunkten durchmustert und auf den neuesten Stand gebracht.

Der Computer kann ohne Aufsicht arbeiten. Sobald ihm der Auftrag erteilt wurde, kann das Gerät auch sich selbst überlassen werden, während es die Daten bearbeitet. Wird eine Versandliste gebraucht, die nach Postleitzahlen geordnet ist? Geben Sie dem Computer den entsprechenden Druckauftrag und gehen Sie einen Kaffee trinken!

Schon überzeugt? Sicher! Sie wissen, Ihr APPLE kann Ihnen einen Haufen Zeit und Mühe bei der Verarbeitung und Organisation von Daten sparen. Vielleicht haben Sie bisher nicht gewußt, wie Sie Ihren Computer veranlassen können, diese Arbeit für Sie zu übernehmen. Dieses Hindernis soll im folgenden ausgeräumt werden.

2
Die Datenbankverwaltung

Es genügt nicht zu wissen, daß ein Computer mit dem richtigen Programm eine gestellte Aufgabe erfüllen kann. Wie bei allen Aufgaben, die auf uns zukommen, muß man über den Vorgang oft mehr wissen als die bloße Einsicht, daß eine Arbeit auch durchführbar ist.

So verhält es sich natürlich auch mit der Datenbankverwaltung. Es genügt nicht, sich der Tatsache bewußt zu sein, daß ein Computer so programmiert werden kann, daß verschiedene Daten in vielfältiger Weise manipuliert werden. Es ist zwar gut zu wissen, daß spezielle Informationen extrahiert werden können, daß durch die Analyse großer Informationsmengen verborgene Beziehungen und Korrelationen erkannt werden können, daß Daten einem Zweck entsprechend in Gruppen eingeteilt werden können. Das reicht jedoch nicht zur Bewältigung dieser Aufgaben.

Um die Datenverwaltung mittels Computer effektiv durchzuführen, müssen Sie wenigstens die Grundbegriffe der Datenbankverwaltung kennenlernen. Um die Diskussion darüber zu beginnen, müssen wir einiges hierzu wissen, wie z. B. Information verarbeitet wird, wie sie in ihre Bestandteile zerlegt wird, so daß sie zugänglich und von einem Computer verarbeitbar wird.

2.1 Grundbegriffe der Datenbankverwaltung

An dieser Stelle müssen wir einige Grundbegriffe definieren, so daß Sie mich verstehen, wenn ich die verschiedenen Aspekte der Datenbankverwaltung näher erläutere.

Da wir uns auf ein neues Gebiet begeben werden, möchte ich von Grund auf beginnen. Fangen wir mit der kleinsten Informationseinheit an, die ein Computer verarbeiten kann.

Die kleinste Einheit ist ein **Zeichen** (engl. character), d. h. ein einzelner Buchstabe, eine Ziffer (zwischen 0 und 9), ein Interpunktionszeichen, ein

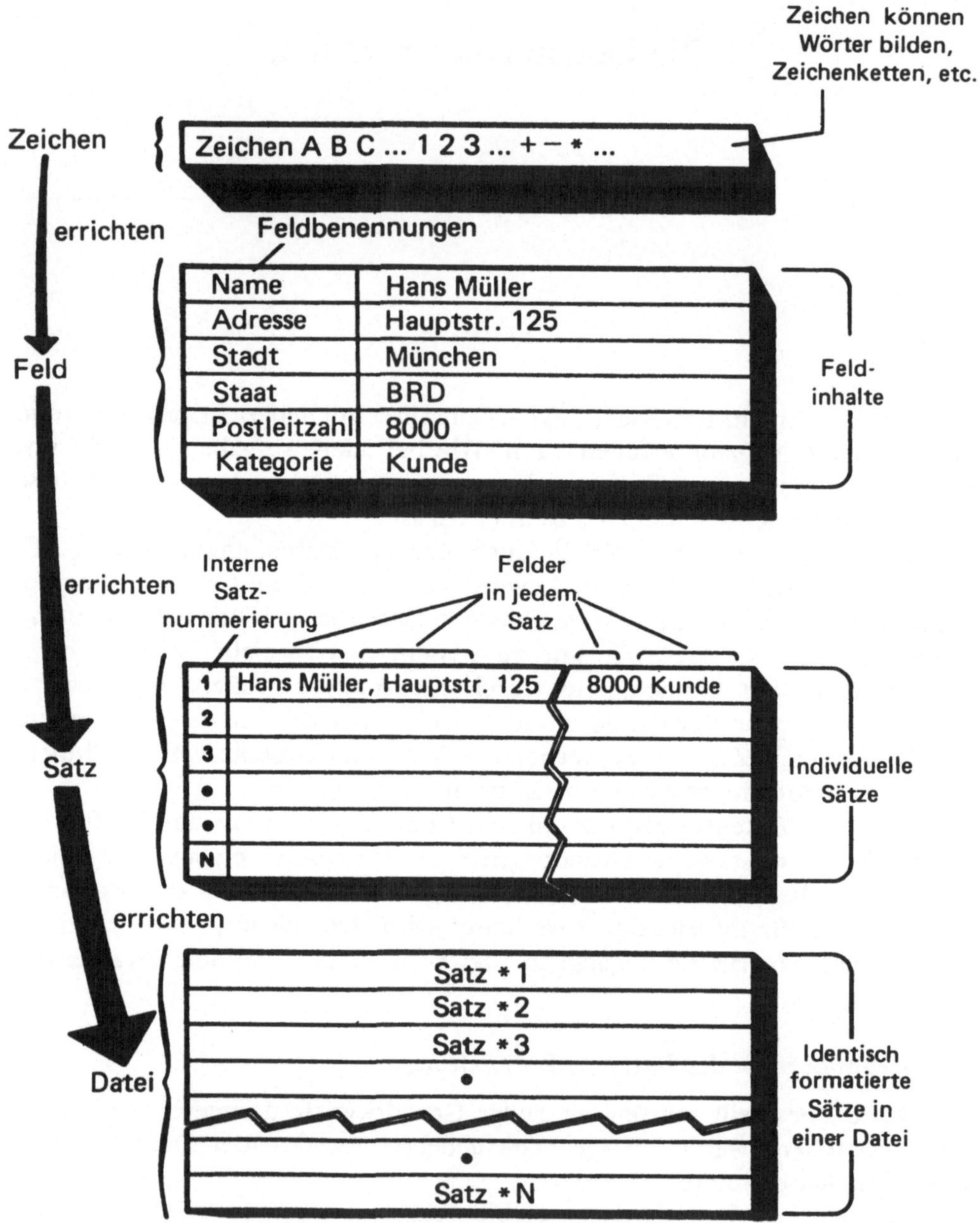

Abb. 2 Aufbau einer Datenbank: Aus Zeichen werden Felder aufgebaut, aus Feldern Sätze und aus Sätzen Dateien.

Sonderzeichen (z. B. \$, %, ...) oder ein Kontrollcode (wie Wagenrücklauf, Zeilenvorschub oder der "Escape"-Code).

Allerdings verarbeitet der Computer Zeichen in verschlüsselter Form. Er zerlegt jedes Zeichen weiter in die Binärdarstellung. Doch interessiert in diesem Zusammenhang die Binärdarstellung der Zeichen nicht. Die Umwandlung der eingegebenen Zeichen erfolgt automatisch durch den Computer. Wir brauchen nur zu wissen, daß der Computer jedem Tastendruck ein eindeutiges Zeichen zuordnet. Das ist die kleinste Informationseinheit, die wir eingeben oder als Ergebnis vom Datenverwaltungssystem zurück erhalten können.

Wenn wir mehrere Zeichen zusammenfassen, erhalten wir, was die Informatiker meist als **Zeichenkette** (engl. *string*) bezeichnen. Der Ausdruck „Zeichenkette" bezieht sich in diesem Zusammenhang auf eine Gruppe von Zeichen, die als Einheit verarbeitet werden. Dieser Begriff ist wichtig, da er oft gebraucht wird, um eine spezielle Gruppe von Zeichen zu beschreiben, die in einem Suchvorgang gefunden werden soll. Beachten Sie bitte, daß eine Zeichenkette gelegentlich nur aus wenigen Zeichen bestehen kann, eventuell nur aus einem, gelegentlich aber auch aus vielen Zeichen, wenn sie z. B. Wörter oder Sätze umfaßt. (Wenn Sie wollen, können Sie diesen Absatz als Zeichenkette auffassen!)

Ein Wort kann als Zeichenkette definiert werden, die durch Leerzeichen begrenzt wird. (Sicher erinnern Sie sich, daß ein Wortzwischenraum für den Computer ein eigenes Zeichen, das Leerzeichen (engl. *space*), darstellt.) Menschen sind an den Umgang mit Wörtern gewöhnt, dem Computer muß man beibringen, wie ein Wort zu erkennen ist. Im Rahmen der Datenbankverwaltung bedeutet ein Leerzeichen das Ende eines Wortes.

Wir kommen nun zu einem sehr wichtigen Begriff, dem Begriff des **Feldes**. Ein Feld kann am besten als logische Einheit gedacht werden. Das heißt, die Information innerhalb eines Feldes bezieht sich auf einen eigenen Zweck oder eine eigene Aufgabe. Der Inhalt eines Feldes kann aus Zeichenketten, Wörtern oder bloß aus Einzelzeichen bestehen.

Einige Beispiele sollen den Begriff des Feldes erläutern: Vor- und Familienname einer Person können gemeinsam in ein Feld gesetzt werden, das als „Namensfeld" bezeichnet werden kann. Es enthält nämlich die gesamte Information über den Namen der Person.

Die gesamte Information über die Adresse einer Person oder einer Firma, nämlich Name der Stadt, Straße, Hausnummer, Postleitzahl können ebenfalls in einem Feld abgelegt werden, das dann „Adreßfeld" genannt wird.

Beachten Sie, daß in allen diesen Beispielen viele Wörter auftreten, daß diese sich aber alle auf denselben Gegenstand, den Namen einer Person oder deren Anschrift, beziehen.

Das Feldkonzept ist für Datenbankanwendungen sehr wichtig. Das kommt daher, daß gewisse Operationen wie Such- oder Sortiervorgänge bezüglich des Inhalts spezifizierter Felder vorgenommen werden. Sobald für eine Datenbank Felder definiert sind, werden sich die meisten Manipulationen, die das Programm vornimmt, auf Felder beziehen. Es ist daher wichtig, den trennenden Effekt von Feldgrenzen bei den Datenbankanwendungen zu bedenken.

Felder enthalten meist Information, die logisch mit anderer Information im selben Feld in Beziehung steht, doch muß dies nicht immer der Fall sein. Das in unserem Buch vorgestellte Datenbankprogramm erkennt Felder daran, daß sie mit einem Wagenrücklaufzeichen abgeschlossen werden.

Darüber hinaus darf die Länge eines Feldes in unserem Programm 40 Zeichen (einschließlich Zwischenräumen, Interpunktionszeichen, ...) nicht überschreiten. Und es gibt, wie wir gleich sehen werden, eine Maximalanzahl an Feldern, die für eine einzelne Datenbank definiert werden können.

Bevor wir weitere Definitionen einführen, soll noch auf zwei verschiedene Typen von Datenfeldern hingewiesen werden:

Alphanumerische Felder können jedes gültige Zeichen, Buchstaben, Ziffern, Sonderzeichen enthalten. Alphanumerische Zeichen können ohne Rücksicht auf ein spezielles Format in einem Datenfeld eingesetzt werden. Alphanumerische Datenfelder werden meistens benötigt.

Numerische Felder dürfen nur einen einzigen Zahlenwert, ausgedrückt durch Ziffern und eventuell Vorzeichen und Dezimalpunkt, enthalten. Die Bedeutung und die Anwendung numerischer Felder wird später beschrieben werden.

Ein oder mehrere Felder können in einer festen Reihenfolge zu einem **Datensatz** (engl. *record*) verknüpft werden. Im Normalfall bildet der Datensatz eine in logischer Hinsicht vollständige Konstruktion. Handelt es sich zum Beispiel um eine Versandliste, wird ein Datensatz Name, Straße, Wohnort, Postleitzahl, Telefonnummer und vielleicht noch ein Klassifikationsmerkmal enthalten. Jede dieser angeführten Informationen würde dabei ein Feld ausmachen. Zusammen bilden diese Felder einen Datensatz. Beachten Sie, daß sich die gesamte Information eines Datensatzes auf eine einzige Person oder Firma bezieht.

Datensätze sind für das hier vorgestellte Programm wichtig. Sie sind die kleinsten Einheiten, die erzeugt, gelöscht oder innerhalb eines **Datenbestands** (engl. *file*) verschoben werden können.

Dies führt uns zur Definition eines **Files,** zu deutsch eines Datenbestandes oder kurz **Datei** genannt. Eine Datei ist eine Sammlung von Datensätzen, die alle ein in gleicher Weise definiertes Format haben. Typischerweise beziehen sich alle Sätze eines Datenbestands auf eine spezielle Anwendung, wie z. B. eine Versandliste.

In unserem Datenverwaltungsprogramm werden alle Datensätze einer Datei gleichzeitig im Speicher des Computers abgelegt. In der Fachsprache wird eine solche Datei als *"memory-resident"* bezeichnet. Dies gilt, solange die Datei verwendet wird. Nach der Verwendung kann der Inhalt der Datei auf einer Diskette abgespeichert werden, um bei einer weiteren Verwendung wieder geladen zu werden.

Eine **Datenbank** kann als Gesamtheit der Information aufgefaßt werden, die wir besitzen. Sie ist in einer Weise organisiert, daß der Computer sie verarbeiten kann. Während Sie neue Datenbestände auf Ihrem Computer anlegen, wird sich Ihre Datenbank vergrößern und ihnen immer mehr Möglichkeiten geben, persönlich Information zu verarbeiten.

2.2 Bearbeitung Ihrer Datenbank

Das Programm, das den Ablauf Ihres computergestützten Datenverwaltungssystems steuert, arbeitet in zwei verschiedenen Betriebsweisen. Der eine Modus wird als **Daten-Eingabe-Modus** bezeichnet. Wenn sich das System in diesem Zustand befindet, wird jede eingegebene Information als Datum aufgefaßt, die vom Computer gespeichert und verarbeitet werden soll.

Der zweite Modus heißt **Befehls-Modus**. Befehle sind Anweisungen, die dem Programm mitteilen, daß Informationen innerhalb der Datei in vorher definierter Weise bearbeitet werden sollen. Mittels dieser Befehle können Datensätze einer Datei hinzugefügt werden, Daten in bestimmten Sätzen geändert werden, oder Sätze eingefügt oder gelöscht werden. Weitere Befehle gestatten es Ihnen, spezifische Information durch Überprüfung des Inhalts von Feldern zu suchen und die Datensätze bezüglich des Inhalts eines Feldes in alphabetische Reihenfolge zu bringen. Ebenso gibt es eine Anweisung zur Summation der Zahlenwerte der numerischen Felder. Weitere Befehle ermöglichen die Speicherung und das Nachladen der Datenbestände von der Diskette.

Mit diesen Befehlen können Sie alle Fähigkeiten Ihres neuen Werkzeugs zur Informationsverarbeitung nutzen.

Vielleicht haben Sie schon gemerkt, daß die oben erwähnten Befehle in mehrere Gruppen zerfallen. Ein Teil der Befehle betrifft das <u>Verändern</u> (engl. *editing*) der Information in einem Datenbestand. Die Fähigkeit, Information in einem File zu löschen oder einzufügen, den Inhalt eines Datensatzes teilweise oder vollständig zu ändern, gestattet es Ihnen in bequemer Weise, Ihre Datenbank auf dem letzten Stand zu halten. Wenn Sie zum Beispiel eine Adreßliste führen, müssen Sie eine Adreßänderung in jenen Datensätzen vornehmen können, die Personen entsprechen, deren Anschriften sich geändert haben.

<u>Such- und Sortierbefehle</u> gestatten die Organisation von Information. Die Suchanweisung filtert unerwünschte Information und zeigt nur jene an, deren Datensätze die gewünschte Information enthalten. Wenn Sie in einer Versandliste alle Personen finden wollen, die in einer bestimmten Stadt

leben, können Sie das Programm veranlassen, alle Daten eines Files zu überprüfen und genau jene Datensätze anzuzeigen, deren Adreßfeld die gewünschte Stadt enthält.

Der Sortierbefehl erlaubt es Ihnen, Information nach Ihren Wünschen in Kategorien und Unterkategorien zu unterteilen. Wenn Sie bei Massensendungen verbilligte Posttarife in Anspruch nehmen wollen, müssen die Sendungen nach Postleitzahlen geordnet sein. Dies ist per Hand eine mühsame Arbeit. Mit dem Computer erreicht man es leicht, indem der Inhalt eines Files an Hand der Postleitzahlen umgeordnet wird.

Eine dritte Art von Befehlen fällt in die Mathematik. In vielen Anwendungen hat die Fähigkeit zur „Spaltensummenbildung" über die Zahlen in einem angegebenen Feld für eine Gruppe von Datensätzen beträchtlichen Wert. Zum Beispiel können die Einzelpreise der Komponenten eines umfangreicheren Systems (Ihres Computers?) vom Computer flink summiert werden, damit Sie die Gesamtkosten des Systems erfahren.

Und schließlich gibt es noch Anweisungen zur Datenspeicherung. Mit diesen Anweisungen sichern Sie Ihren Datenbestand auf einer Diskette oder laden ihn von der Diskette in den Arbeitsspeicher.

2.3 Formatieren der Daten

Der Schlüssel zur erfolgreichen Nutzung eines Datenverwaltungsprogramms liegt in der Wahl eines geeigneten Formats Ihrer Rohdaten: Die ursprüngliche Information muß so angeordnet werden, daß sie in wirkungsvoller Weise vom Computer verarbeitet und analysiert werden kann. Ein Großteil dieses Buchs soll praktischen Beispielen gewidmet sein, wie Daten formatiert werden können, um verschiedenen Anwendungszwecken zu genügen.

Für den Anfang soll es genügen, mittels der folgenden Überlegungen ein Gefühl für den ersten Schritt einer Datenbankorganisation, das ist die Formatierung eines Datenbestands, zu erlangen.

Daten sind innerhalb eines Files in Sätzen organisiert. Jeder Satz erhält vom Programm eine Satznummer. Diese Satznummer wird vom Programm verwaltet, der Benutzer kann sie für gewisse Operationen heranziehen. Der erste in ein File eingegebene Satz erhält die Nummer eins, der nächste zwei, usw. Wenn der Benutzer einen bestimmten Satz aus dem Datenfile entfernen möchte, benötigt er dazu die Satznummer. Nach dem Löschen erhalten die verbliebenen Sätze die Nummern, die ihrer neuen Position im File entsprechen. In ähnlicher Weise ändern sich die Satznummern, wenn ein Sortiervorgang die Reihenfolge der Datensätze im Datenbestand verändert hat. Doch erfolgt dies alles automatisch durch das Programm. Das Nummerierungssystem ist nur ein Mittel, um dem Benutzer die tatsächliche Position eines Datensatzes innerhalb eines Files mitzuteilen.

Sie wissen bereits, daß jeder Satz in Felder unterteilt ist. Meist wird jedem Feld eine spezifische Aufgabe zugewiesen, doch dies muß nicht immer der Fall sein. Die Maximalzahl von Zeichen in einem Feld wird vom Benutzer festgelegt, sie darf 40 jedoch nicht überschreiten. Je nach den zu speichernden Daten werden Felder als alphanumerisch oder (rein) numerisch bezeichnet. In unserem Datenverwaltungssystem wird die Gesamtinformation eines Felds gewöhnlich in einer Zeile auf dem Ausgabebildschirm erscheinen.

Der Begriff eines Feldes ist wichtig, da jedes Feld innerhalb eines Datensatzes eine Grenze zieht. Das Datenbankprogramm greift auf den Inhalt von Feldern zurück. Daten innerhalb von Sätzen werden also Feld nach Feld verarbeitet. Zur Unterstützung des Benutzers können bei der erstmaligen Formatierung die Felder Namen erhalten. So wird man ein Feld „Telefon-Nr." nennen, wenn es stets nur Telefonnummern enthalten soll. Bei jedem Zugriff des Benutzers auf diese Teilinformation wird er über den Feldnamen an den Zweck des Felds erinnert.

Felder enthalten Zeichen in Form von Wörtern oder Zeichenketten. Wieviel Felder definiert werden können und wieviel Zeichen ein Datensatz insgesamt enthalten darf, besprechen wir später.

Vergessen Sie nicht: ein Zeichen ist die kleinste Informationseinheit, die vom Datenbankprogramm verarbeitet werden kann.

2.4 Beispiele

Es wird nun Zeit, einige einfache Beispiele anzuführen, wie ein Programm zur Datenbankverwaltung praktisch eingesetzt werden kann. Die bisherigen Ausführungen sollen damit etwas lebendiger werden.

Stellen Sie sich vor, Sie wären Versicherungsvertreter. Sie würden im wesentlichen unabhängig von einem eigenen Büro aus operieren. Natürlich sind Sie fleißig und an Steigerung Ihrer Leistung interessiert; schließlich hängt das Einkommen von Ihrer Leistung ab.

Die Versicherungsanstalt unterstützt Sie durch eine Anzeigenkampagne in verschiedenen Zeitschriften. An einem Versicherungsvertrag interessierte Personen füllen einen Coupon aus und senden diesen an die Versicherungsgesellschaft. Auf dem Coupon geben Sie den Namen und die Adresse bekannt. Die Versicherung sendet Ihnen wöchentlich sehr viele solcher Coupons zu. Ein wesentlicher Teil Ihrer Arbeit ist es, mit den Interessenten Kontakt aufzunehmen und zu versuchen, sie zum Abschluß passender Versicherungen zu bewegen. Zusätzlich versichert Ihre Gesellschaft auch verschiedene Risiken. Daher melden sich Interessenten für die verschiedensten Versicherungsverträge.

Sie müssen sich aber nicht nur um neue Kunden bemühen, sondern auch Ihre anwachsende Schar regulärer Kunden betreuen. Sie müssen diese regelmäßig anrufen, mit ihnen die laufenden Versicherungsbedürfnisse besprechen, ihre Verträge verlängern, usw.

Mit der Zeit werden Sie allerdings mehr als ausgelastet sein. Sie werden erkennen, daß es ein Problem ist, den Überblick über Kunden und Interessenten zu behalten. Bisher haben Sie natürlich auch ein System zur Informationsspeicherung gehabt; sicher hatten Sie für jeden Klienten ein Karteiblatt angelegt. Indem Sie auf diesen Blättern relevante Anmerkungen machten, gelang es Ihnen bisher, Herr der Lage zu bleiben. Zu diesem Zweck mußten Sie periodisch alle Karteiblätter durchgehen und darauf achten, welche Verträge ausliefen, bei wem die Familie Zuwachs erhalten hatte, usw. Das sind Hinweise, nach denen mit dem Kunden Kontakt aufgenommen werden sollte, um die Verträge den aktuellen Bedürfnissen anzupassen.

Wenn Sie das noch nicht auf Trab gehalten hat, werden die ständig weiter einlaufenden Interessentenmeldungen Sie vor ein echtes Problem stellen. Im Augenblick verfahren Sie damit vielleicht folgendermaßen: Immer wenn Sie Zeit haben, nehmen Sie einige Interessentenmeldungen von dem weiterhin wachsenden Stapel und versuchen telefonisch, einen Beratungstermin mit dem künftigen Kunden zu vereinbaren. Sie haben eingesehen, daß das System nicht zufriedenstellend ist, denn einige potentielle Kunden können Sie nicht beraten. Es ist endlich an der Zeit, die Sache ernstlich anzugehen.

Wie können Ihnen Ihr Mikrocomputer und das Buch helfen?

Sie können ein Datenfile über Ihre Kunden und Ihre Interessenten anlegen! In unserem Beispiel wollen wir uns mit einer sehr einfachen Struktur des Datenbestands zufrieden geben. Sie werden jedoch rasch sehen, daß durch die Hinzunahme weiterer Felder die Funktionstüchtigkeit Ihres Informationsverwaltungssystems gesteigert werden kann.

Im Beispiel wollen wir annehmen, daß für jeden Datensatz fünf Felder vereinbart wurden. Die Felder sollen folgende Information enthalten: Name, Straße, Wohnort, Postleitzahl, Versicherungsart. (Die Feldnamen werden nach dem Inhalt des Feldes gewählt.)

Zur Erstellung Ihrer Datenbank müssen Sie sich jetzt allerdings einen Tag Zeit nehmen und die Information von den eingesandten Coupons in den Computer übertragen.

Sie beschließen, jeden Interessenten nach der Versicherungsart zu kategorisieren, für die er Interesse bekundet hat. Dies können Kraftfahrzeugversicherungen, Lebens-, Haushalts- oder Krankenversicherungen sein. Dafür war ja das Feld „Versicherungsart" vorgesehen.

Möglicherweise haben Sie schließlich einige hundert Namen und Adressen in Ihrer ersten Datenbank. Allerdings wurde die Information völlig wahllos, eben so, wie Sie die Zettel genommen haben, wie sie am Stapel gelegen sind, eingegeben. Als erste Aufgabe für Ihren Computer wünschen

Sie eine nach Postleitzahlen geordnete Liste der potentiellen Kunden. Sie drücken ein paar Tasten auf der Tastatur Ihres Computers, und entsprechend des Inhalts des Feldes „Postleitzahl" ordnet der Computer alle Datensätze. Nach einigen weiteren Tastendrücken erhalten Sie die Liste als Ausdruck auf dem Drucker.

Nun überlegen Sie sich, ob es nicht zweckmäßig wäre, vor einem Telefonanruf den Interessenten mit einem Brief vorzubereiten. Darüber hinaus wollen Sie im Brief auf die Versicherungsart eingehen, über die sich der Interessent informieren lassen will. Daher sortieren Sie Ihr Datenfile nach dem Inhalt des Feldes „Versicherungsart". Dies teilt die Interessenten in Gruppen nach Ihren Wünschen. Nach diesem Vorgang sehen Sie, daß zum Beispiel die Sätze 1 bis 40 Interessenten für eine Kraftfahrzeugversicherung enthalten, die Sätze 41 bis 55 Interessenten für eine Lebensversicherung, die Sätze 56 bis 80 für eine Krankenversicherung und schließlich die Sätze 81 bis 180 für eine Hausratsversicherung.

Prächtig! Sie haben etwas entdeckt, was Sie noch nicht gewußt haben. Mehr als die Hälfte der Interessenten will mehr über Haushaltsversicherung erfahren. Vielleicht beschließen Sie daraufhin, sich die Details der Haushaltsversicherung nochmals anzusehen. Jedenfalls können Sie mit einigen weiteren Tastendrücken Adreßkleber für jede dieser Sparten ausdrucken lassen. Mit einem entsprechend abgefaßten Brief beginnt ein neuer, erfolgversprechender Abschnitt Ihrer Arbeit.

Wir haben dieses Beispiel absichtlich so einfach gestaltet, um Ihnen zu zeigen, wie ein Datenbankprogramm die Arbeit erleichtern kann. In einer ernst gemeinten Anwendung werden Sie die Anzahl der Felder eines Datensatzes auf vielleicht zwanzig bis dreißig erhöhen, um zahlreiche weitere Informationen zu speichern. Sie werden sicher ein Feld für die Telefonnummer des Kunden einführen, ein Feld über durchgeführte Anrufe und Beratungen, Felder für Vertragsnummern und für besondere Anmerkungen. Dadurch wird die Leistungsfähigkeit gegenüber dem ursprünglichen Beispiel beträchtlich erhöht. Lassen Sie Ihre Phantasie walten. Welche Anwendungen für Ihr Datenbanksystem fallen Ihnen jetzt noch ein? Ich wette, Sie haben schon weitere Anwendungen im Sinn!

2.5 Kontrollieren Sie Ihre Ausgaben!

Wissen Sie, daß Sie dasselbe Datenbankprogramm zur Buchführung über Ihre persönlichen Ausgaben verwenden können?

Beispielsweise können wir für diesen Zweck Datensätze mit folgenden Feldern definieren: Gegenstand, Kategorie, veranschlagter Betrag, tatsächlicher Betrag.

Am Beginn eines jeden Buchhaltungszeitraums, zum Beispiel am Beginn eines Monats, können Sie Ihre Erwartungen eintragen. Das könnte etwa folgendermaßen aussehen:

SATZ NR. 1

GEGENSTAND :	MIETE
KATEGORIE :	WOHNUNG
VERANSCHL. BETR. :	700.00
TATSÄCHL. BETR. :	

SATZ NR. 2

GEGENSTAND :	RATENZAHLUNG
KATEGORIE :	AUTO
VERANSCHL. BETR. :	245.00
TATSÄCHL. BETR. :	

SATZ NR. 3

GEGENSTAND :	ELEKTRIZITÄT
KATEGORIE :	NEBENKOSTEN
VERANSCHL. BETR. :	86.00
TATSÄCHL. BETR. :	

SATZ NR. 4

GEGENSTAND :	TELEPHONE
KATEGORIE :	NEBENKOSTEN
VERANSCHL. BETR. :	70.75
TATSÄCHL. BETR. :	

Sie werden sicher weitere Ausgaben geplant haben, geben Sie auch diese ein! Wenn Sie fertig sind, können Sie den Computer die veranschlagten Ausgaben summieren lassen. Werden Sie genug Geld für die geplanten Ausgaben haben? Wenn nicht, dann ist vielleicht jetzt der Zeitpunkt gekommen, die Pläne zu ändern.

Diesen Monatsvoranschlag können Sie auf Diskette abspeichern. Am Ende des Monats oder, wenn Sie die Ausgaben tatsächlich gemacht haben, können Sie die Daten von der Diskette wiederum abrufen. Dann können sie die tatsächlichen Ausgaben im entsprechenden Feld eintragen. Am Schluß können Sie die tatsächlichen mit den geplanten Ausgaben vergleichen. Auch eine Addition aller Ausgaben ist kein Problem.

Damit sind wir noch nicht am Schluß! Angenommen, Sie wollten Ihre gesamten Ausgaben in der Kategorie „Energie" erfahren. Dazu brauchen Sie nur die Datensätze nach Kategorien sortieren zu lassen, und anschließend eine Summe der Beträge ausführen lassen. Sind die „Energie"-Ausgaben zu hoch? Unternehmen Sie etwas, bevor Sie bankrott sind!

Sehen Sie nun die Möglichkeiten? Zum Schluß noch ein letztes Beispiel:

Angenommen, Sie sind Selbstständiger. Sicherlich müssen Sie Ihren Stammkunden Kredit gewähren. Doch so mancher vergißt das Zahlen! Sie müssen sich einen Überblick verschaffen, wer Ihnen Geld schuldet.

Sie formatieren ein File mit Feldern für die folgenden Angaben: Datum der Lieferung, Rechnungsnummer, Warenbezeichnung, Betrag, Kunde.

Täglich geben Sie die neuen Lieferungen auf Kredit ein. Wenn Rechnungen bezahlt werden, entfernen Sie den entsprechenden Datensatz aus dem File, da Sie ihn nicht länger benötigen.

Vielleicht wollen Sie säumige Kunden an die fälligen Rechnungen zum Monatsende erinnern? Sie können das File mit einer geeigneten Sortieranweisung nach Rechnungsnummern ordnen. Dann lassen Sie den Computer Rechnungsnummer, fälligen Betrag, Name und Adresse des Kunden drucken. Die Zettelchen können Sie gleich aus dem Drucker in Fensterbriefumschlägen stecken und noch mit einer freundlichen Erinnerung versehen. Das ist eine Angelegenheit von Minuten!

3
Bedienung des Datenbankprogramms

In diesem Kapitel soll Ihnen ein Gefühl vermittelt werden, wie man mit dem Datenbankprogramm, das in diesem Buch beschrieben ist, verkehrt und wie ihm Anweisungen erteilt werden sollen. Weitere Teile dieser Anleitung werden zahlreiche praktische Beispiele und Anwendungen zeigen.

Während Sie dieses Kapitel lesen, sollten Sie verschiedene Operationen selbst ausprobieren. Wenn Sie wollen, laden Sie das Programm in den APPLE II oder IIe und starten es mit dem Befehl RUN.

Als Minimalausstattung des APPLE-Mikrocomputersystems brauchen Sie 48 K Speicher und ein Diskettenlaufwerk. Natürlich brauchen Sie auch ein Fernsehgerät oder einen Datenmonitor zur Anzeige. Sollten Sie einen Ausdruck wünschen, dann müssen Sie als weitere Komponente des Computersystems einen Drucker haben. Das Programm erwartet das Druckerinterface im ersten Steckplatz (engl. *slot 1*) des APPLE.

3.1 Interaktivität!

Dieses Datenbankprogramm verkehrt mit dem Benutzer im Dialogstil. Das bedeutet, daß es den Benutzer zum Handeln auffordert und ihn während der Arbeit anleitet. Das erfolgt über „Menüs", aus denen eine Wahl getroffen werden kann; oder durch Fragen, wenn das Programm Eingaben durch den Benutzer erwartet. Diese fortwährend interaktive Arbeitsweise bedeutet eine hohe Benutzerfreundlichkeit. Dies kommt dem Datenverarbeitungsneuling entgegen, da ein Großteil der möglichen Irrtümer, die bei einer erstmaligen Benutzung eines Programms entstehen können, vermieden werden. Doch auch für den erfahrenen Benutzer erhält das System dadurch einen hohen Grad an Effizienz.

Im tatsächlichen Gebrauch besteht die Bedienung des Programms aus nicht mehr als der Auswahl von Möglichkeiten, die der Computer vorschlägt, oder aus der Dateneingabe. Die Bedienung des Programms ist daher sicher nicht schwierig.

Zum effizienten Programmeinsatz muß man allerdings erst einige Grundprinzipien der Datenbankverwaltung kennenlernen. Durch praktische Anwendungsbeispiele, die in den späteren Kapiteln dieses Buchs besprochen werden, wird man die notwendigen Kenntnisse erwerben können. Nun wollen wir aber mit einem Überblick über die hauptsächlichen Fähigkeiten des Programms beginnen.

3.2 Das Hauptmenü

Wenn Sie das Programm starten, wird ein Menü am Bildschirm erscheinen, das Ihnen folgende Optionen anbietet:

```
1. ARBEITE MIT FILE IM SPEICHER
2. DEFINIERE SATZFORMAT
3. LESE FILE VON DISK
4. SPEICHERE FILE AUF DISK
5. DISK-KATALOG
6. PROGRAMMENDE


9. LöSCHE ARBEITSFILE
```

Das ist das Hauptmenü, da hier der Benutzer die Wahl der wichtigsten Operationen zu treffen hat.

Um eine Wahl zu treffen, drückt man nur die der Wahl entsprechende Zifferntaste. Ein Druck auf die Taste 5 wird einen Inhaltskatalog der Diskette auf dem Bildschirm anzeigen. Beachten Sie, daß ein einziger Tastendruck ausreicht (die RETURN-Taste darf dabei nicht gedrückt werden). Jede andere Wahl als eine der Ziffern 1 bis 6 und 9 wird vom Programm während der Hauptmenübenutzung ignoniert.

3.3 Erzeugung eines Datenbestands

Natürlich kann man sich nicht einfach an den Computer setzen und blindlings Daten eintippen. Zunächst müssen Sie ein Fileformat definieren. Sie müssen dem Computer mitteilen, wieviel Felder, welche Arten von Feldern, welche Feldlängen und Feldnamen die einzelnen Datensätze haben sollen. Sie beginnen mit der Eingabe dieser Information durch Drücken der Taste 2, um die Wahl „DEFINIERE SATZ-FORMAT" des Hauptmenüs zu wählen.

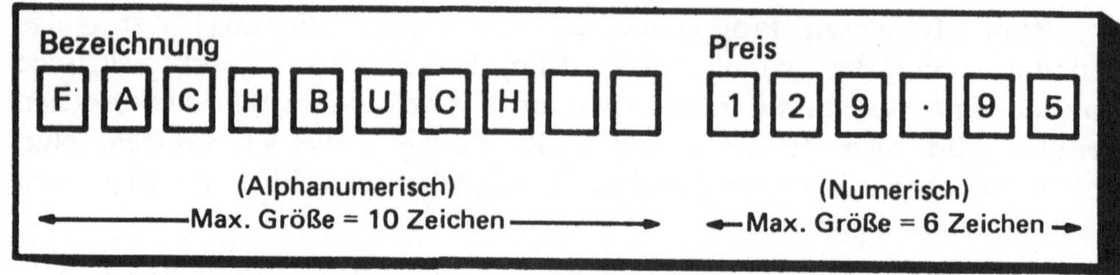

Abb. 3 Vom Benutzer definierte Felder formatieren die Sätze. Jedem Feld werden Name und maximale Größe zugewiesen. Der Feldtyp wird als alphanumerisch oder numerisch festgelegt.

Wenn Sie die Option 2 gewählt haben, beginnt das Programm, die folgenden Fragen zu stellen: Name des Feldes, Maximalzahl der für dieses Feld erlaubten Zeichen, und ob das Feld alphanumerisch oder rein numerisch ist.

Sie geben für jedes Feld die entsprechende Information ein. Nun fragt das Programm, ob Sie ein weiteres Feld definieren wollen. Wenn ja, dann wird dieselbe Information wiederum angefordert.

Das wiederholt man immer wieder, bis alle für die gedachte Anwendung notwendigen Felder definiert sind.

Das Programm enthält einige Beschränkungen, die beachtet werden müssen, während man die Struktur des Datenbestands definiert. Zum Beispiel dürfen Feldnamen höchstens zehn Zeichen lang sein. Die Maximallänge eines Felds darf 40 Zeichen nicht übersteigen. Felder dürfen nur vom Typ alphanumerisch (A) oder numerisch (N) sein. Ein Satz darf nicht mehr als 40 Felder enthalten. Und schließlich ist die Maximalzahl an Zeichen in einem Satz (die man erhält, wenn man die maximal erlaubten Zeichenzahlen aller Felder eines Satzes summiert), auf 236 beschränkt.

Sollten Sie versuchen, die erwähnten Programmbeschränkungen zu überschreiten, wird Sie das Programm daran erinnern und ihnen Gelegenheit zur Korrektur geben.

Sobald Sie alle Felder, die einen Satz ausmachen, definiert haben, bestimmt das Programm die Maximalzahl an Datensätzen, die das File enthalten kann. Denken Sie daran, daß dies ein im Benutzerspeicher, auch Schreib-Lese-Speicher genannt (engl. *random* *access* *memory*, kurz RAM), gespeichertes System ist. Nicht nur das Programm, sondern auch die gesamten Daten eines Datenbestands befinden sich während Datenbestandbearbeitung im RAM. Daher hängen Filegröße und Anzahl der Datensätze, die verarbeitet werden können, von der Größe des Speichers Ihres Systems und von der Länge der definierten Datensätze ab.

Die maximale Satzzahl eines Files wird vom Programm sofort berechnet, nachdem das letzte Feld definiert wurde. Dieser Wert wird dem Benutzer am Bildschirm angezeigt. Sollten Sie bei dieser Gelegenheit merken, daß die getroffene Definition für die gedachte Anwendung nicht ausreicht, haben Sie nun Gelegenheit, den Datenbestand in anderer Weise zu definieren, damit Sie Ihre Absichten erreichen können. Eine Verringerung der Feldzahl pro Satz oder der Zeichenzahl in gewissen Feldern erhöht die Zahl an möglichen Sätzen eines Files. Keinesfalls können allerdings mehr als 999 Datensätze in einem Datenfile abgelegt werden, dies ist eine Beschränkung durch das Programm.

(Haben Sie mehr Sätze in einem einzigen File vorgesehen, sollten Sie sich vermutlich nach einem disketten-orientierten Datenbanksystem umsehen. Dies sind Systeme, bei denen jeder Satz einzeln auf Diskette gespeichert ist. Jedesmal, wenn Information aus der Datenbank gebraucht wird, wird auf die Diskette zugegriffen. Solche Datenbanksysteme sind allerdings meist sehr teuer.)

3.4 Das Befehlsmenü

Sobald die Struktur eines Datenbestands definiert ist, kann mit der Eingabe der Information begonnen und der Datenbestand aufgebaut werden. Am Schluß einer Filedefinition geht das Programm automatisch zum Befehlsmenü über. (Das wird gelegentlich auch Sekundärmenü genannt, da der Anwendungsbereich nicht so weit gespannt ist wie der des Hauptmenüs.)

Man kann vom Hauptmenü direkt durch Wahl der Option 1 (Benutzung der APPLE-Daten-Bank) zum Befehlsmenü gelangen. Wenn Sie allerdings diese Option benutzen, ohne vorher ein File definiert oder eingelesen zu haben, wird das Programm Ihren Wunsch ignorieren und Sie auf den Fehler aufmerksam machen. Ohne vorher definierte Formate kann man keine Datenbank verwenden!

Und so sieht das Befehlsmenü auf dem Bildschirm aus:

```
1. SATZ ANFÜGEN
2. SATZ EINFÜGEN
3. SATZ ÄNDERN
4. SATZ LÖSCHEN
5. SATZ LISTEN
6. SATZ SUCHEN
7. SATZ SORTIEREN
8. SATZ SUMMIEREN
9. NÄCHSTES MENÜ
```

Das sind die Operationen, die das Programm an Ihrer Datenbank ausführen kann. Option 9 führt Sie zum Hauptmenü zurück. (Wenn Sie Lust
haben, können Sie das Programm erweitern. Dann bietet Option 9 den
Anknüpfungspunkt für die Erweiterungen.)

3.5 Der Befehl ANFÜGEN

Die erste Aktivität bei der Benutzung eines computerunterstützten
Datenbanksystems hat darin zu bestehen, daß Daten in den Datenbestand
geladen werden. Mit der Option ANFÜGEN wird dem Programm mitgeteilt,
daß es von nun an neue Daten akzeptieren und diese am Ende des Files
anfügen soll.

Folgendermaßen könnte der Bildschirm bei einer typischen Anwendung
aussehen, wenn die Option ANFÜGEN gewählt wurde:

```
        --- SATZ ANFÜGEN ---


SATZ # 4    MAX ZEICHEN = 20 ALPHA


NAME VON FELD # 2: VORNAME
-----------------------------------------------
```

Beachten Sie, wie das Programm den Benutzer an die vorzunehmende
Aufgabe erinnert. In diesem Beispiel wird angezeigt, daß das System auf die
Daten für den vierten Satz eines Files wartet. Das aktive Feld kann höchstens
zwanzig Zeichen aufnehmen und es ist alphanumerisch. Daten werden für das
erste Feld, das den Namen NAME trägt, erwartet. Der Benutzer (Sie, lieber
Leser) wird nun die geforderte Information eingeben. Die neuen Daten
werden unterhalb der gestrichelten Linie erscheinen, die der Trennung
zwischen Benutzereingabe und Anforderungen durch das Programm dient.

Sobald die Information für ein Feld eingegeben ist (durch Tippen auf
der Tastatur mit abschließendem Druck auf die RETURN-Taste), ändert sich
die Bildschirmanzeige und die Daten für das nächste Feld werden angefordert.
Dieser Vorgang wiederholt sich, bis alle Felder eines Satzes eingegeben sind.

Ist die Information für einen Datensatz vollständig, wird der Benutzer
gefragt, ob er einen weiteren Satz bearbeiten möchte. Trifft dies zu, wird am
Bildschirm die Eingabe für das nächste Feld des folgenden Datensatzes erwartet. Andernfalls wird der Befehl ANFÜGEN beendet und das Programm
kehrt zum Befehlsmenü zurück.

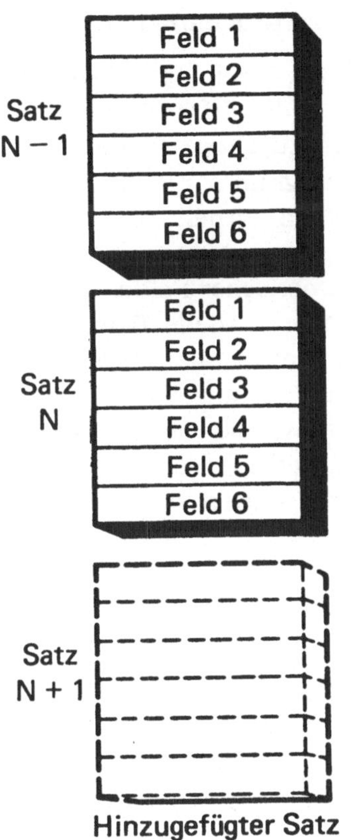

Abb. 4

Die Operation ANFÜGEN fügt einen Satz am Ende einer Datei hinzu.

Man kann solange neue Datensätze dem Datenbestand hinzufügen, bis die Maximalzahl der erlaubten Sätze erreicht ist. (Vergessen Sie nicht, daß dies von der Speichergröße Ihres Systems und von der Satzlänge abhängt.) Sollte das File während des ANFÜGENs voll werden, wird das Programm automatisch diesen Modus beenden und zum Befehlsmenü zurückkehren. Sollten Sie versuchen, die Option ANFÜGEN zu verwenden, wenn das File bereits voll ist, werden Sie darüber verständigt, daß „das File voll ist", und das Programm wird keine Anfügung vornehmen.

Während der Eingabe überprüft das Programm die Eingaben auf ihre Gültigkeit. Ist zum Beispiel ein Feld auf 20 Zeichen beschränkt, wird das Programm den Benutzer kein Zeichen mehr eingeben lassen. Wenn ein Feld als numerisches deklariert wurde, kann es nur Ziffern enthalten. Anderenfalls wird das Programm den Benutzer darauf hinweisen, daß die Daten nicht akzeptabel sind, und es wird Gelegenheit zur Korrektur der Eingabe geben.

3.6 Numerische Felder können nur signifikante Ziffern enthalten

Wenn Sie zum Beispiel den Wert „2" in ein Feld, das als numerisch definiert wurde, eingeben wollen, dürfen Sie nur die Ziffer 2 eingeben. Sie dürfen nicht versuchen, 2.0 oder 2. oder +2 einzugeben, da diese Formen sog. nichtsignifikante Zeichen enthalten. Das Programm nimmt immer an, daß eine Zahl positiv ist, wenn sie kein Vorzeichen enthält. Nur die Minuszeichen sind explizit anzugeben.

Diese Einschränkungen in der Definition numerischer Felder wird durch die Sorgfalt notwendig, mit der das Programm eventuelle Benutzerfehler prüft. Bei der Entwicklung eines Programms muß man Kompromisse schließen. In diesem Fall haben wir der Sicherheit des ungeübten Computerbenutzers Vorrang vor mehr Flexibilität gegeben, wie sie vielleicht erfahrene Benutzer gerne hätten. Den Programmierprofis steht es jedoch frei, jenen Teil des Programms nach Belieben zu verändern, sollten sie mit dieser Beschränkung nicht zufrieden sein.

3.7 Der Befehl EINFÜGEN

Die Operation ANFÜGEN fügt Datensätze stets am Ende des Files an. Gelegentlich kann es zweckmäßig sein, einen Satz tatsächlich in ein File einzufügen. Dazu muß innerhalb des Files durch Verschieben anderer Sätze nach hinten Platz geschaffen werden. Der Vorteil dieses Vorgangs besteht darin, daß die Ordnung eines Files erhalten bleibt. Dies ist besonders nützlich, wenn das File nach irgendeinem Kriterium sortiert wurde und Sie die neue Information an der Stelle Ihrer Wahl in das geordnete File einfügen wollen.

Wurde die Option EINFÜGEN gewählt, antwortet das Programm zunächst in folgender Weise am Bildschirm:

```
--- DATENSATZ EINFÜGEN ---


LETZTER SATZ IM FILE IST:4


EINFÜGEN VOR SATZNUMMER:
```

Beachten Sie, daß das Programm dem Benutzer zuerst mitteilt, wieviel Sätze im Datenbestand existieren. Damit soll er erinnert werden, in welchem Bereich eine Einfügung möglich ist.

Sobald die Satznummer, vor der die Einfügung vorgenommen werden soll, eingegeben wurde, erscheint am Bildschirm eine Antwort ähnlich der der Option ANFÜGEN. Damit wird der Benutzer aufgefordert, Daten einzugeben. Sollten Sie einen neuen Satz an der Position des zweiten Satzes einfügen, wird der Bildschirm etwa folgendes zeigen:

```
--- DATENSATZ EINFÜGEN ---

SATZ # 2    MAX ZEICHEN = 20 ALPHA

NAME VON FELD # 1: NAME
-----------------------------------------------
```

Beachten Sie, daß durch die Angabe, vor welchem Satz eingefügt werden soll, der eingefügte Satz dieselbe Nummer erhält. Daher bedeutet die Angabe „Einfügen vor Satz 2", daß der eingefügte Satz die Nummer 2 erhält, während die Satznummern der bisher als Satz 2, 3, ... gespeicherten Sätze sich jeweils um 1 erhöhen.

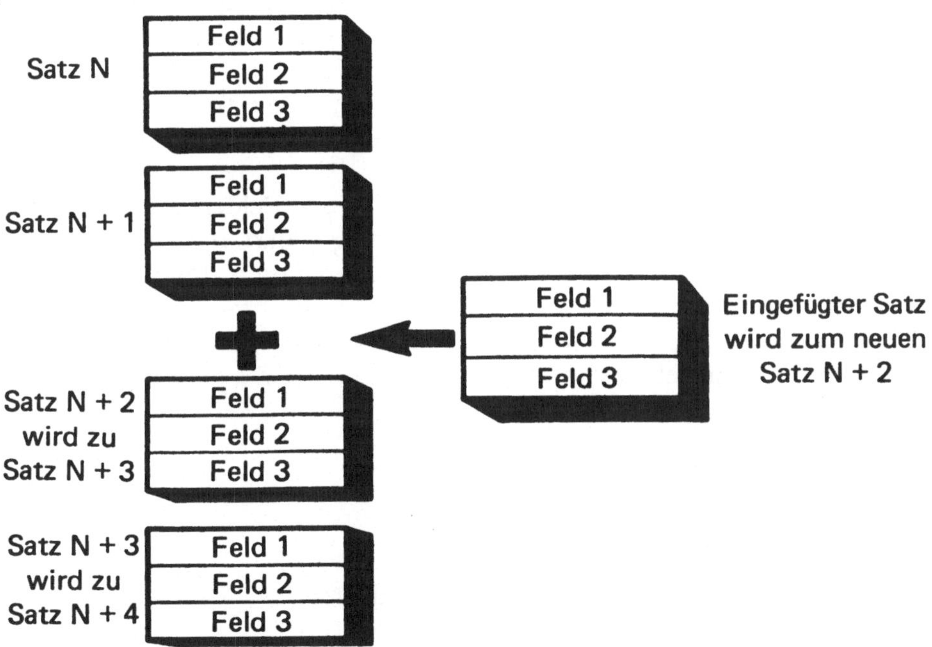

Abb. 5 Die Operation EINFÜGEN fügt einen neuen Satz in einen bestehenden Datensatz ein.

Wenn alle Felder in dem Satz eingegeben wurden, fragt das Programm, ob Sie an derselben Stelle weitere Einfügungen vornehmen wollen. In diesem Fall fordert das Programm die Daten für den nächsten Satz an.

Vergessen Sie nicht, daß bei einer Einfügung mehrerer Datensätze an derselben Stelle die eingefügten Sätze aufeinanderfolgende Nummern erhalten. Alle weiteren Sätze werden zu höheren Nummern verschoben, um Platz für die eingefügten Sätze zu machen.

3.8 Der Befehl ÄNDERN

Nachdem ein Datenbestand angelegt wurde, muß er häufig auf den neuesten Stand gebracht werden. Führen Sie zum Beispiel eine Adreßliste, müssen Sie bei Übersiedlungen Ihrer Freunde oder Bekannten Änderungen durchführen.

Um Änderungen an bestehenden Datensätzen zu machen, benutzt man die Option ÄNDERN.

Wir werden etwas mehr Zeit als bei den bisher besprochenen brauchen, um diese Option zu erklären. Diese Option hat nämlich einige Besonderheiten, deren Erklärung zwar länger braucht, die jedoch zu einer schnelleren und angenehmeren Bedienung führen, wenn an einem File viele Änderungen vorgenommen werden müssen.

Nehmen wir als Beispiel wiederum eine Adreßliste, die jeden Tag Änderungen unterliegt. Etwa einmal pro Woche wird die Computerdatenbank auf den neuen Stand gebracht. Natürlich müssen Sie nur Straße, Wohnort, Postleitzahl und Telefonnummer ändern. Der Name braucht — ebenso wie eventuelle Anmerkungen zur Person oder andere adreßunabhängige Informationen — nicht geändert zu werden.

Am zweckmäßigsten wird es also sein, nur jene Felder zu ändern, die in den entsprechenden Datensätzen einer Änderung bedürfen.

Das erreichen Sie mit unserem Datenbankprogramm. (Nicht alle Programme haben diese Flexibilität!)

Wenn Sie die Option ÄNDERN gewählt haben, wird am Bildschirm folgende Mitteilung zu sehen sein:

```
    --- SÄTZE ÄNDERN ---


ZUÄNDERNDE FELDER:
VERWENDE FELDNUMMERN, NICHT NAMEN!
BEENDE LISTE DURCH EINGABE VON 'O'!
```

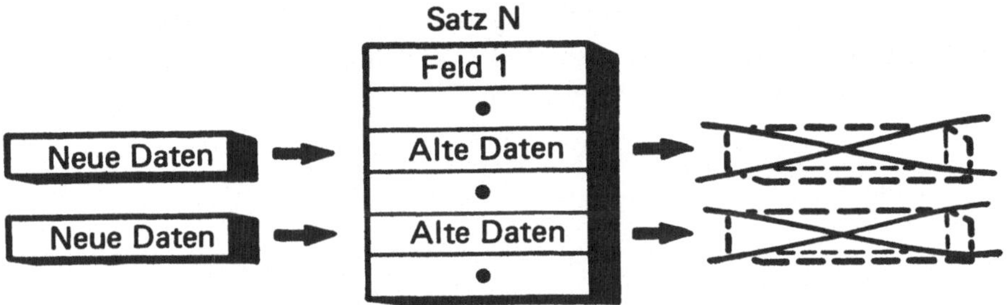

Abb. 6 Die Operation ÄNDERN erlaubt, den Inhalt einzelner Felder zu verändern.

Wenn in unserem Beispiel Straßenname, Wohnort und Postleitzahl den Datensätzen 2, 3 und 4 entsprechen, sollten Sie nun diese Ziffern eingeben. (Nach jeder Eingabe ist RETURN zu drücken.) Wenn Sie die Liste der zu ändernden Sätze beenden wollen, geben Sie die Zahl 0 ein.

Damit befehlen Sie dem Datenbankprogramm, nur diejenigen Felder zu bearbeiten, die einer Änderung bedürfen. Unverändert gebliebene Felder werden übersprungen.

Sobald Sie mitgeteilt haben, welche Felder zu ändern sind, fragt das Programm nach der Nummer des ersten zu ändernden Datensatzes:

```
--- SÄTZE ÄNDERN ---

LETZTER SATZ IM FILE IST:4

BEGINNE ÄNDERUNG MIT SATZ NUMMER:
```

Beachten Sie, daß auch dieser Programmteil Sie an die gesamte Datensatzanzahl erinnert, denn es sollen in nichtexistenten Sätzen keine Änderungen vorgenommen werden.

Haben Sie die Satznummer eingegeben, mit der Sie die Änderungen beginnen wollen, fordert das Programm in schon vertrauter Weise Daten an:

```
--- SÄTZE ÄNDERN ---

SATZ # 2   MAX ZEICHEN = 20 ALPHA

NAME VON FELD # 2: STRASSE
```

Wenn Sie die Daten für ein Feld eingegeben haben, folgt die Aufforderung zur Dateneingabe für das nächste Feld. Wurden alle Felder eines Satzes verarbeitet, fragt das Programm:

```
ÄNDERE NÄCHSTEN SATZ? (J/N)
```

Wird dies gewünscht, wird der nächste Satz verarbeitet. Es werden dieselben Felder geändert. Dadurch können Sie rasch innerhalb eines Blocks von Datensätzen eines Files Änderungen vornehmen.

Sollten Sie den nächsten Satz nicht ändern wollen, beendet das Programm den Modus ÄNDERN und kehrt zum Befehlsmenü zurück.

3.9　Der Befehl LÖSCHEN

Wenn Sie aus einem Datenbestand einen oder mehrere Sätze löschen wollen, verwenden Sie die Option LÖSCHEN. Diese Anweisung ist das Gegenstück zur Anweisung EINFÜGEN. Wenn Sie mit diesem Befehl einen Datensatz entfernen, wird der Speicherbereich, den der gelöschte Satz ursprünglich eingenommen hat, freigegeben, und alle Sätze mit höheren Nummern werden nach unten verschoben. (Die Länge des Files verringert sich dabei, sodaß Platz für neue Daten wird, wenn dies gewünscht wird.)

Wurde die Option LÖSCHEN gewählt, werden Sie wieder einmal an die höchste Satznummer erinnert. Darauf geben Sie die Nummer jenes Satzes an, den Sie löschen wollen. Sie können entweder einen einzelnen Satz löschen oder eine ganze Gruppe von Sätzen. Folgendes Bild bietet sich Ihnen am Bildschirm, wenn Sie einen einzigen Satz löschen wollen:

```
--- LöSCHE DATENSÄTZE ---


LETZTER SATZ IM FILE IST:4


ERSTER SATZ ZUR BEARBEITUNG?

2


LETZTER SATZ ZUR BEARBEITUNG?

2
```

Beachten Sie, daß die „erste" Satznummer in diesem Beispiel gleich der „letzten" ist, da nur ein Satz gelöscht werden soll.

Wenn Sie eine Gruppe von Sätzen löschen wollen, geben Sie den Bereich an, in dem die Löschungen erfolgen sollen. Dabei muß stets die niedrigere Nummer vor der höheren eingegeben werden. Das ist eine kleine Vorsichtsmaßnahme gegen Bedienungsfehler, die zu unbeabsichtigtem Löschen von Datensätzen führen können.

Da die Operation LÖSCHEN sehr gefährlich ist (viel Arbeit kann durch einen Fehler vergeblich werden), müssen die Satznummern bestätigt werden, bevor der Löschvorgang tatsächlich erfolgt. Daher ersucht das Programm mit folgendem Bild um die Bestätigung Ihrer Anweisung, nachdem Sie angegeben haben, welche Sätze gelöscht werden sollen:

```
SIE WOLLEN LöSCHEN VON SATZ # 2
BIS SATZ # 2

IST DIES RICHTIG? (J/N)
```

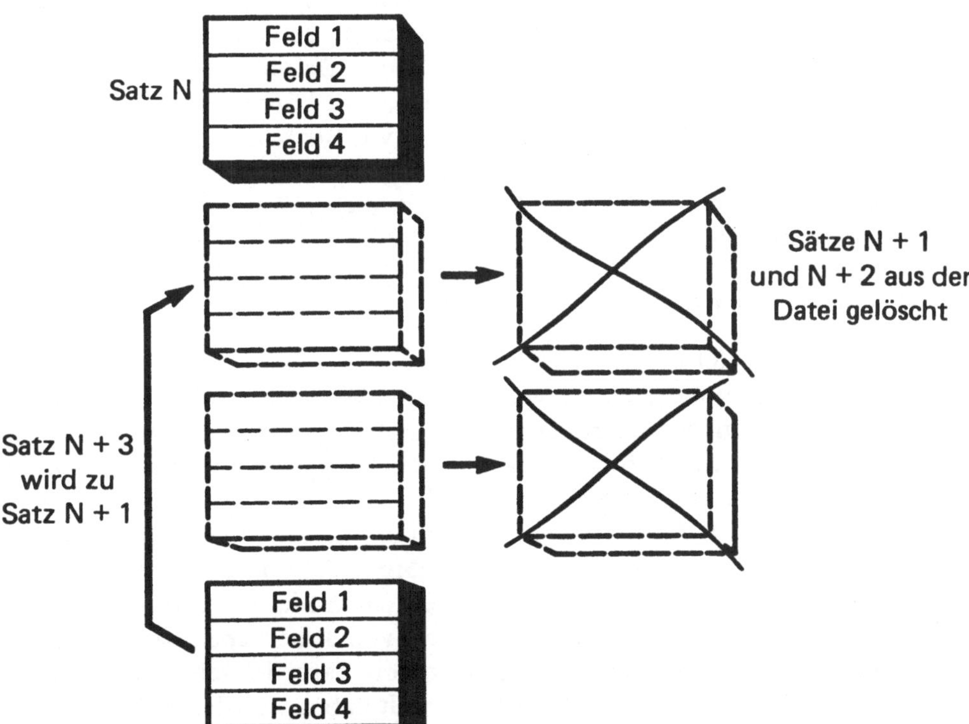

Abb. 7 Die Operation LÖSCHEN nimmt ganze Sätze aus einer Datei.

Wenn Sie die Frage mit J (für JA) beantworten, wird das Löschen vorgenommen. Alle Sätze mit höheren Nummern als die gelöschten werden „herunter" verschoben, um den frei gewordenen Platz aufzufüllen. Dann zeigt das Programm an, wieviel Sätze im Datenbestand übrig geblieben sind. Hatten Sie ursprünglich vier Sätze im File und haben einen gelöscht, erhalten Sie folgende Meldung:

```
LETZTER SATZ IM FILE IST:3
```

Die Löschoperation wird sofort abgebrochen, sollte eine andere Antworttaste als J gedrückt werden. Es erscheint wieder das Befehlsmenü, das auch erscheint, wenn der Löschvorgang durchgeführt wurde.

Es soll hier noch erwähnt werden, daß diese Option auch verwendet werden kann, wenn Datenbestände formatiert werden sollen. Stellen wir uns vor, daß Sie mehrere Files mit identischem Datensatzformat anlegen wollen. Wie Sie bereits wissen, besteht der erste Schritt in der Definition des Formats. Sobald wir das jedoch für ein File getan haben, können wir uns eine Menge Arbeit ersparen, indem wir die Option LÖSCHEN benutzen. Wenn Sie das erste File angelegt haben und mit einer noch zu besprechenden Option auf Diskette gespeichert haben, löschen Sie alle Sätze des im Benutzerspeicher abgelegten Files, — und schon können Sie neue Daten in einem identisch formatierten File speichern. (Diesen Datenbestand können Sie unter einem anderen Namen auf der Diskette speichern — wie Sie bald sehen werden.) In solchen Fällen ist es überflüssig, den Vorgang der Definition der Formate immer wieder zu wiederholen. Denken Sie an diesen Tip, vielleicht können Sie ihn bald brauchen.

3.10 Der Befehl LISTEN

Bisher sind Befehle beschrieben worden, mit denen ein Datenbestand angelegt, verändert oder gelöscht werden kann. Wenn dies jedoch alles wäre, das Sie tun könnten, würde Ihnen das Datenbankprogramm wenig nützen. Wozu sollten Sie soviel Information in einen Computer stecken, wenn die Maschine keine Arbeitsersparnis bringt.

Er wird Ihnen helfen! Die Option LISTEN ist die erste Anweisung, die Ihnen praktische Ergebnisse bringen wird. Sie gestattet es, einen Datenbestand ganz oder teilweise auszulisten. Dabei haben Sie die Entscheidung zu treffen, ob alle Felder oder nur bestimmte, von Ihnen spezifizierte ausgegeben werden sollen. Wie Sie bald sehen werden, kann das sehr nützlich sein.

Nachdem Sie die Option LISTEN gewählt haben, werden Sie wiederum über die Anzahl der Datensätze in Ihrem File informiert und gefragt, welche Sätze Sie sehen wollen. Am Bildschirm ist folgendes zu sehen:

```
      --- DATENSÄTZE LISTEN ---


LETZTER SATZ IM FILE IST:3


ERSTER SATZ ZUR BEARBEITUNG?

2


LETZTER SATZ ZUR BEARBEITUNG?

2
```

Im Beispiel soll nur ein Satz ausgegeben werden, daher stimmen die Angaben für den „ersten" und den „letzten" Satz überein. Wenn ein Bereich von Sätzen ausgegeben werden soll, muß die „letzte" Nummer größer als die „erste" Satznummer sein. Andernfalls nimmt das Programm einen Benutzerfehler an und ersucht den Benutzer um Wiederholung der Eingabe.

Wie in diesem Buch noch gezeigt werden wird (wenn wir praktische Beispiele besprechen), ist es von großem Nutzen, daß eine ausgewählte Anzahl von Datensätzen ausgegeben werden kann, denn oft ergibt sich die Notwendigkeit, nur einen bestimmten Datenbankteil auszugeben. Die Option LISTEN besitzt die erforderliche Flexibilität.

Weitere Flexibilität in der Ausgabe von Information liefert der nächste Schritt. Das Programm wird Sie nun fragen:

```
WOLLEN SIE FELDER UNTERDRÜCKEN? (J/N)
```

Wenn Sie diese Frage mit J beantworten, geht es mit folgender Mitteilung weiter.

```
WELCHE FELDER?
VERWENDE FELDNUMMERN, NICHT NAMEN!
BEENDE LISTE DURCH EINGABE VON 'O'!
```

Sie können jetzt die Feldnummern angeben, deren Inhalt Sie nicht im LISTEN-Vorgang sehen wollen. Diese Option kann man oft gebrauchen, wenn spezifische Information extrahiert werden soll. (Angenommen, Sie haben ein File, in dem jeder Satz Namen, Anschrift, Telefonnummer und vielleicht noch andere Information über eine Person enthält. Sie wollen sich eine Liste anlegen, die für alle Personen nur Name und Telefonnummer enthält und keine weiteren Daten. Nichts leichter als das! Sie unterdrücken bei der Ausgabe alle Felder außer „Name" und „Telefonnummer". — Und schon erhalten Sie die gewünschte Telefonliste.)

Nachdem Sie angegeben haben, welche Felder (wenn überhaupt) nicht dargestellt werden sollen, fragt das Programm weiter:

```
SATZNUMMERN UNTERDRÜCKEN? (J/N)
```

Mit dieser Option können die Satznummern gemeinsam mit der gewünschten Information angezeigt werden, bzw. ihre Angabe verboten werden.

Die Möglichkeit, gleichzeitig Satznummern auszugeben, ist dann von Bedeutung, wenn man Datenbestände verändern oder Sätze in Gruppen anordnen möchte. Haben Sie eine Adreßliste mit vielen Namen und Adressen, benötigen Sie die gegenwärtigen Satznummern, um rasch Änderungen vornehmen zu können.

Abb. 8 Die Option LISTEN kann zum Druck von Etiketten benutzt werden, indem man Felder, die in der Auflistung nicht gebraucht werden, unterdrückt.

Gelegentlich wollen Sie jedoch die Satznummern nicht ausgeben. Wenn Sie bloß eine Liste von Namen und Telefonnummern wünschen, werden die Satznummern nicht gebraucht. Sie würden die Lesbarkeit Ihrer Telefonliste lediglich beeinträchtigen.

Als weitere Wahlmöglichkeit haben Sie zwischen Ausgabe am Bildschirm und Ausgabe am Drucker zu entscheiden:

```
WOLLEN SIE AUSGABE AUF SCHIRM ODER        DRUCKER? (S/D)
```

Wenn Sie die Information am Bildschirm gelistet haben wollen, haben Sie eine weitere Option zur Verfügung. Da die Bildschirmausgabe zu schnell erfolgen würde, hält das Programm nach der Ausgabe von jeweils einem Datensatz an, damit Sie die Information in Ruhe betrachten können. Wollen Sie die Datenausgabe fortsetzen, reicht ein beliebiger Tastendruck aus (außer der RETURN-Taste), um den nächsten Satz zu sehen. Das Drücken der RETURN-Taste bricht die Option LISTEN ab. Hiermit wird der „Ausstieg", wenn Sie die Information nicht mehr am Schirm sehen wollen, erleichtert.

Wenn die Information am Drucker gelistet wird, erfolgt die Ausgabe ohne Unterbrechung.

Unabhängig auf welchem Medium die Information dargestellt wird, wird der Information ein Kopf vorangestellt. Er zeigt das Format der Liste durch Angabe von Feldnummer, Feldname, Größe des Feldes und Typ (ob (A)lphanumerisch oder (N)umerisch). Diese Information ist sehr wertvoll, wenn wir unsere Datenbank bearbeiten. (Sollten Sie einmal vergessen haben, welches Format Sie in einem File gebrauchen, benützen Sie die Option LISTEN, um einen beliebigen Datensatz auszugeben. Der erhaltene „Kopf" frischt Ihr Gedächtnis auf. Sie sollten dabei keine Felder unterdrücken!) So sehen Kopf und ein Datensatz aus, wenn die Option LISTEN für die Druckerausgabe gewählt wurde:

```
FORMAT: FELDNUMMER, NAME, GRöSSE, TYPE:

    1: NAME                          20 A
    2: VORNAME                       20 A
    3: STRASSE                       25 A
    4: ORT                           25 A

HUBMANN
WENDELIN
TULPENGASSE 12
AHAUSEN
```

Das war die Erklärung der wichtigen Option LISTEN. Nun kommen wir zu einer raffiniert abgewandelten Variante...

3.11 Der Befehl SUCHEN

Zum Aufsuchen bestimmter Datensätze bietet sich die Möglichkeit eines Listenausdrucks an, der dann mit scharfem Blick untersucht werden muß. Doch wozu haben Sie den Computer! Soll der Computer diese Aufgabe durchführen! Die Option SUCHEN ermöglicht es, ein beliebiges Feld in der Datenbank nach der gewünschten Information abzufragen. Nach dem Aufruf informiert das Programm über die höchste verwendete Satznummer. Daraufhin fragt es nach dem Bereich der zu bearbeitenden Sätze — also über welche Gruppe von Datensätzen sich die Suche erstrecken soll. Sie können entweder einen einzelnen Satz angeben oder eine zusammenhängende Gruppe. In letzterem Fall sind wiederum der Anfangssatz und der letzte zu prüfende Satz anzugeben.

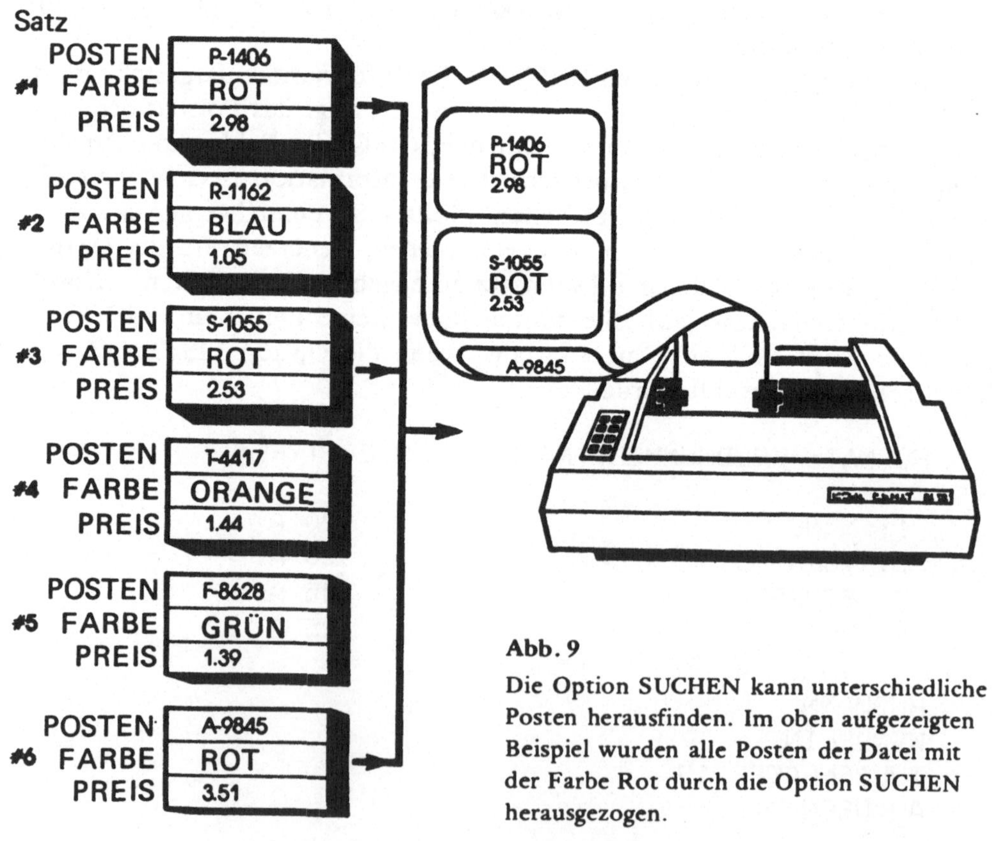

Abb. 9

Die Option SUCHEN kann unterschiedliche Posten herausfinden. Im oben aufgezeigten Beispiel wurden alle Posten der Datei mit der Farbe Rot durch die Option SUCHEN herausgezogen.

Genau wie bei der Option LISTEN kann die Ausgabe bestimmter Felder unterdrückt werden, die mit ihrer Feldnummer anzugeben sind. Die Feldersuchliste wird mit Eingabe der Ziffer 0 beendet.

Wiederum können Sie wählen, ob die Satznummern angezeigt werden sollen.

Sobald die Auswahl wie im Fall LISTEN getroffen wurde, möchte das Programm erfahren, wonach gesucht werden soll. Es beginnt mit der Frage:

```
NAME DES SUCHFELDS
```

Sie antworten mit dem von Ihnen gewählten Namen des Feldes, in dem die Suche erfolgen soll. Zum Beispiel enthält eine Adreßliste Felder mit den Bezeichnungen NAME, STRASSE, WOHNORT, PLZ, TELEFON, ... Suchen Sie zum Beispiel Adressen in einer bestimmten Stadt, würden Sie das Feld WOHNORT angeben.

Doch nehmen wir einmal an, Sie wären vergeßlich und können sich nicht mehr an den genauen Namen eines speziellen Feldes erinnern oder Sie begehen bei der Eingabe einen Fehler, Sie schreiben einen Feldnamen falsch. Kein Problem! Geben Sie dem Programm einen ihm unbekannten Feldnamen an, wird es Ihnen mitteilen, wie die erlaubten Feldnamen lauten. Folgendermaßen könnte der Bildschirm aussehen, wenn der Feldname nicht stimmt. Nun haben Sie Gelegenheit, den korrekten Feldnamen anzugeben.

```
KEIN FELD MIT NAME: STADT

GÜLTIGE FELDNAMEN:

NAME
VORNAME
STRASSE
ORT
PLZ
```

Wenn ein akzeptabler Feldname angegeben wurde, setzt das Programm mit der Frage fort:

```
SUCHE NACH ÜBEREINSTIMMUNG MIT:
```

Daraufhin kann eine beliebige Zeichenkette eingegeben werden, nach der das Programm irgendwo im angegebenen Feld suchen soll. Angenommen, Sie wollen allen Ihren Bekannten mit dem Vornamen „Hans" einen Gruß zum Namenstag senden. Sie brauchen nur das Programm beauftragen, in allen Namensfeldern nach „Hans" zu suchen; wenn Übereinstimmung mit dem Suchbegriff gefunden wurde, sollen alle entsprechenden Datensätze ausgedruckt werden.

Sobald der Suchbegriff angegeben ist, beginnt das Programm, das entsprechende Feld jedes Datensatzes im angegebenen Bereich von Datensätzen zu überprüfen. Es wird nach einer Übereinstimmung mit dem Suchbegriff irgendwo im Feld suchen. Wenn dieser Vorgang erfolgreich war, wird der Inhalt des Datensatzes (ohne die vielleicht zu unterdrückenden Felder) ausgegeben.

Wie im Fall der Operation LISTEN hält das Programm nach jedem Datensatz an, wenn die Ausgabe auf dem Bildschirm erfolgt. Das Programm wartet, bis eine Taste gedrückt wurde. Das Drücken der RETURN-Taste bricht wie bei der Option LISTEN den Suchvorgang ab. Drücken Sie eine andere Taste (am einfachsten die Leertaste), um weitere Datensätze, in denen Übereinstimmung mit dem Suchbegriff gefunden wurde, anzuzeigen.

Ausgabe auf den Drucker erfolgt im Gegensatz dazu ohne Unterbrechung. Bei jeder Übereinstimmung wird der entsprechende Datensatz am Drucker ausgegeben.

Der Kopf, der bei der SUCHEN-Operation ausgegeben wird, unterscheidet sich geringfügig von der Darstellung, die bei der Option LISTEN verwendet wird. In einer bestimmten Anwendung können Sie folgende Ausgabe am Bildschirm sehen:

```
SUCHE IN FELD: ORT
IN SATZ 1 BIS 3
NACH AUSDRUCK :AHAUS

FORMAT: FELDNUMMER, NAME, GRöSSE, TYPE:

   1: NAME                          20 A
   2: VORNAME                       20 A
   3: STRASSE                       25 A
   4: ORT                           25 A
   5: PLZ                            4 A


 ( 2 )
 HUBMANN
 WENDELIN
 TULPENGASSE 12
 AHAUSEN
 9876
```

Die SUCHEN-Operation ist sehr praktisch. Weitere Beispiele werden Sie im Lauf dieses Buchs kennenlernen.

3.12 Der Befehl SORTIEREN

Die vielleicht wichtigste Anwendung dieses Datenbankprogramms ist nach der Meinung vieler Benutzer die Möglichkeit, den Inhalt eines Datenbestands zu ordnen. Der Benutzer kann den Befehl geben, ein File teilweise oder vollständig in alphabetischer Reihenfolge (in numerischer Reihenfolge, wenn es sich um numerische Felder handelt) zu ordnen. Die Ordnung erfolgt bezüglich des Inhalts eines spezifizierten Feldes.

Durch die Möglichkeit, den Sortiervorgang auf einen Bereich von Datensätzen zu beschränken, erhalten Sie die Möglichkeit Ihren Datenbestand nach mehreren Schlüsseln zu sortieren. Mehr darüber später.

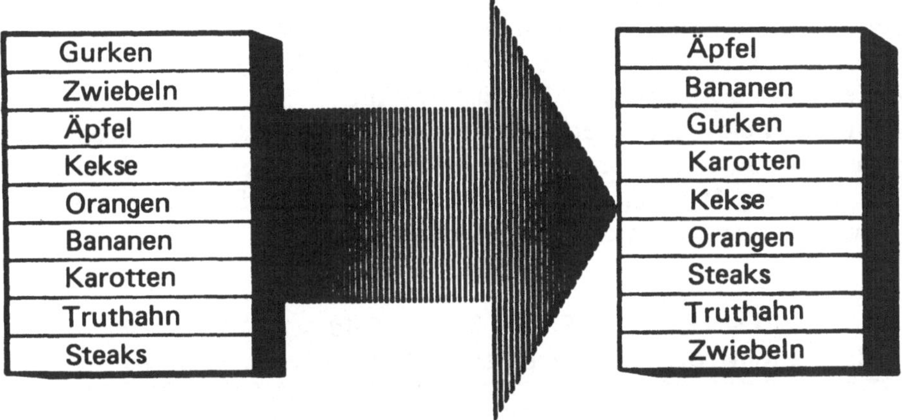

Abb. 10 Mit der Option SORTIEREN werden die Inhalte der Sätze alphabetisch oder numerisch geordnet.

Diese Option beginnt ähnlich wie die Optionen LISTEN und SUCHEN. Nach der Information über die Anzahl der Datensätze im File ist der Bereich anzugeben. Er muß mindestens zwei Datensätze umfassen. Zunächst ist die niedrigere Satznummer, dann die höhere anzugeben. Da der Sortiervorgang lediglich den Inhalt des Datenbestands umordnet, ist kein Ausgabemedium anzugeben. Um das geordnete File teilweise oder insgesamt zu sehen, ist die Option LISTEN zu verwenden.

Sobald der gewünschte Bereich für den Sortiervorgang angegeben wurde, fragt das Programm nach dem Namen des Feldes, nach dessen Inhalt die Datensätze sortiert werden sollen.

```
SORTIEREN NACH FELD(NAME):
```

Ebenso wie bei der Such-Operation müssen Sie den Namen des Feldes angeben. Sollten Sie dabei einen Fehler begehen, erhalten Sie eine Liste der erlaubten Feldnamen, und Sie können die Eingabe wiederholen.

Sobald ein gültiger Feldname eingegeben ist, beginnt das Programm die spezifizierten Datensätze entsprechend dem Inhalt des angegebenen Felds zu sortieren. Während des Sortiervorgangs zeigt der Bildschirm folgende Nachricht:

```
SORTIEREN DER DATENSÄTZE 1 BIS 3
```

Dies erinnert den Benutzer daran, daß der Computer beschäftigt ist. Ein Sortiervorgang kann nach Sekunden vollendet sein, er kann aber auch einige Minuten dauern. Die tatsächlich benötigte Zeit hängt von der Anzahl der Datensätze ab, die sortiert werden sollen. Außerdem hängt sie von der Länge des Feldes ab, nach dem sortiert werden soll. Auch der Grad der bereits bestehenden Ordnung bestimmt die Zeitdauer mit.

Wenn das Feld, nach dem sortiert werden soll, alphanumerisch ist, werden die Datensätze auf Grund eines zeichenweisen Vergleichs des gesamten Felds geordnet. Die Reihenfolge der Zeichen wird auf Grund des ASCII-Codes, den der Computer intern verwendet, entschieden.

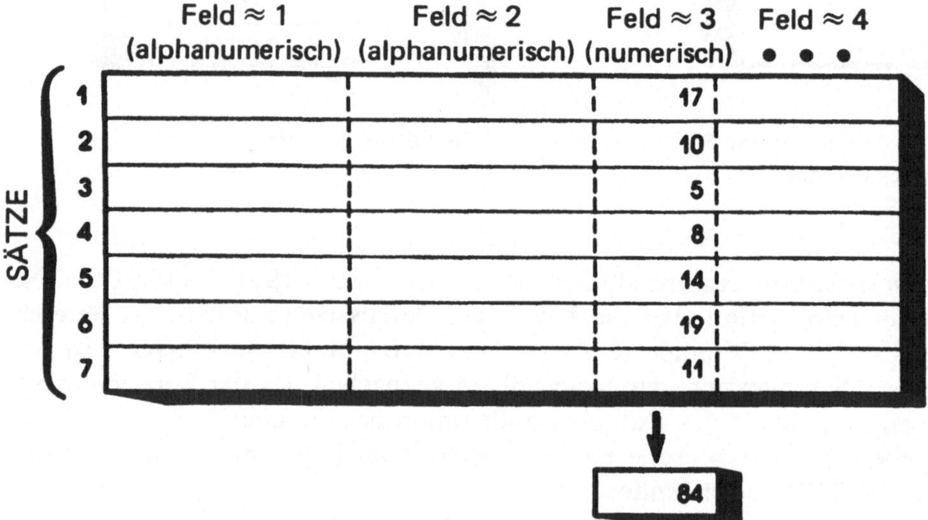

Abb. 11 Mit der Option SUMMIEREN werden die Inhalte eines bestimmten numerischen Feldes zu einer Gruppe von Sätzen aufgelistet.

Wenn das Feld, nach dem sortiert werden soll, numerisch ist, werden die Datensätze entsprechend dem numerischen Wert (einschließlich Vorzeichen) des Feldinhalts aufsteigend geordnet.

Ist der Sortiervorgang abgeschlossen, kehrt das Programm zum Befehlsmenü zurück. Benutzen Sie die Option LISTEN, wenn Sie den Inhalt des Files nach dem Sortieren sehen wollen.

3.13 Der Befehl SUMMIEREN

Eine letzte Operation des Datenbankprogramms muß noch erläutert werden. Mit Hilfe dieser Option kann man über einen Bereich von Datensätzen den Inhalt eines spezifizierten numerischen Feldes summieren. Das ist natürlich nur bei numerischen Feldern möglich, und sollten Sie die Operation an einem alphanumerischen Feld vornehmen wollen, wird das Programm dies ablehnen.

So sieht der Bildschirm zu Beginn dieser Option aus:

```
    ---  SÄTZE SUMMIEREN  ---


LETZTER SATZ IM FILE IST:4


ERSTER SATZ ZUR BEARBEITUNG?

1


LETZTER SATZ ZUR BEARBEITUNG?

4
```

In diesem Beispiel hat der Benutzer angegeben, daß die Datensätze 1 bis 4 an dieser Operation teilnehmen.

Nun muß der Benutzer auf die Frage antworten:

```
SUMMIERE ÜBER FELD(NAME):
```

Beachten Sie, daß der vom Benutzer vergebene Name eines numerischen Feldes anzugeben ist.

Sollte irrtümlich ein ungültiger Feldname angegeben worden sein, gibt
das Programm die im gegenwärtig aktiven File verwendeten Feldnamen aus.
Der Benutzer kann dann einen gültigen Feldnamen eingeben. Hat der Benutzer allerdings den Namen eines nichtnumerischen Feldes angegeben, wird er
an seinen Irrtum erinnert. Sollten Sie irrtümlich eine Summation in einem
File versuchen, das überhaupt keine numerischen Felder enthält, kehrt das
Programm zum Befehlsmenü zurück. (Mit Hilfe der Option LISTEN ist es
stets möglich, den Überblick über das Format des Files und über Feldnamen
und -typen wiederzugewinnen.)

Wenn ein gültiger Name für ein numerisches Feld eingegeben wurde,
führt das Programm die gewünschte Summe der Werte im spezifizierten Feld
über den gewünschten Datensatzbereich durch. Das Ergebnis wird in folgendem Format angezeigt:

```
SUMME ÜBER FELD KOSTEN
IN DEN SÄTZEN 1 BIS 4 IST :


5633.1


WEITER MIT BELIEBIGEM TASTENDRUCK...
```

Das Ergebnis bleibt beliebig lang am Bildschirm dargestellt, bis ein
Druck auf eine beliebige Taste diese Option beendet und den Benutzer zum
Befehlsmenü zurückführt.

3.14 Abspeichern eines Files auf Diskette

Wann immer Sie wollen, können Sie eine Kopie eines beliebigen formatierten Datenfiles auf einer Diskette anlegen. Man sollte es sich angewöhnen,
dies regelmäßig zu tun.

Nehmen wir an, Sie stellen eine umfangreiche Datenbank zusammen.
Vielleicht soll sie mehrere hundert Datensätze umfassen. Es ist sehr zu
empfehlen, nach jeweils etwa 50 Datensätzen die Arbeit zu unterbrechen,
den Datenbestand auf Diskette zu speichern, und erst dann weiter Daten
einzugeben. Eine solche Arbeitsweise bietet ein gewisses Maß an Sicherheit
gegen Datenverlust wegen Stromausfalls oder anderer Mißgeschicke.

Vielleicht wollen Sie Kopien Ihres Files abspeichern, die nach verschiedenen Schlüsseln (Feldern) sortiert wurden? Oder vielleicht wollen Sie
Kopien Ihres Files in chronologischer Ordnung aufheben? Dann legen Sie ein
neues Exemplar Ihrer Datenbank eventuell am Ende jeder Woche (unter
einem neuen Namen) an.

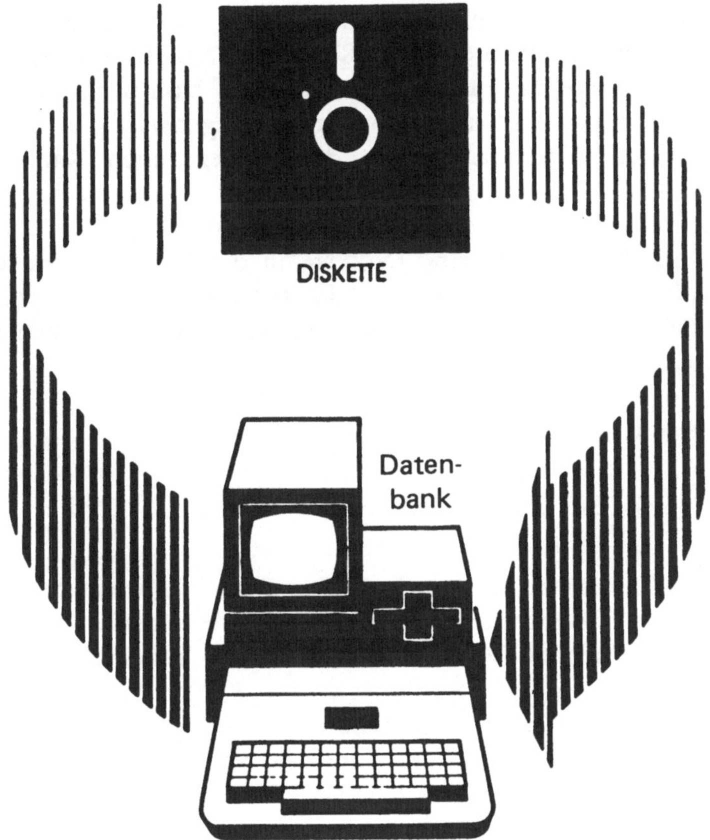

Abb. 12 Dateien können zur Langzeitaufbewahrung vom Speicher des Computers auf eine Diskette übertragen werden; von der Diskette kann man sie jederzeit wieder abrufen.

Sie können jederzeit und ohne Probleme mit diesem Programm eine Kopie des im Speicher Ihres Computers vorhandenen Datenbestands auf Diskette sichern.

Wenn das Programm das Befehlsmenü anzeigt, wählen Sie Option 9 (Nächstes Menü), um zum Hauptmenü zu gelangen.

Sobald Sie das Hauptmenü am Bildschirm sehen, wählen Sie Option 4: SPEICHERE FILE AUF DISK.

Das Programm antwortet folgendermaßen:

```
    --- SPEICHERE FILE AUF DISK ---

FILENAME ANGEBEN (MAX 30 ZEICHEN):
```

Tippen Sie nun den Namen ein, unter dem das File auf Diskette gespeichert werden soll. Vergewissern Sie sich, daß Sie jene Diskette im Diskettenlaufwerk haben, auf die Sie das File speichern wollen. Nun drücken Sie die RETURN-Taste: Das genügt. Das Programm wird die gegenwärtig im Schreib-Lese-Speicher abgelegte Datenbank unter dem angegebenen Namen abspeichern.

Daraufhin kehrt das Programm zum Hauptmenü zurück.

Sollten Sie vergessen haben, eine Diskette in das Laufwerk zu legen, ist die Diskette voll oder schreibgeschützt, oder tritt während des Speichervorgangs ein Fehler auf, wird die Operation unterbrochen. Sie sehen dann die folgende Meldung:

```
I/O-FEHLER. DISKETTE PRÜFEN!!

DRÜCKE BELIEBIGE TASTE ZUR RÜCKKEHR ZUM MENÜ
```

In diesem Fall überprüfen Sie den Grund des Fehlers. Mit einem Tastendruck kehren Sie zum Hauptmenü zurück. Das File existiert weiterhin (außer der I(nput)-/O(utput)-Fehler entstand durch einen Stromausfall oder eine ähnliche Katastrophe). Sie können den Fehler korrigieren, und dann die Wiederholung des Vorgangs versuchen.

Bei der Zuordnung von Namen zu Files, die auf Diskette gespeichert sind, sollte sorgfältig vorgegangen werden. Das Datenbankprogramm überschreibt jedes File auf der Diskette mit demselben Namen. Dadurch können sie leicht dasselbe File auf letztem Stand erhalten, wenn Sie es wünschen. Wenn Sie mehrere Kopien desselben Files auf Diskette haben wollen, dann müssen Sie jedesmal einen anderen Filenamen vergeben, wenn Sie abspeichern. Hüten Sie sich vor ungewünschten Überschreibungen!

3.15 Was ist auf der Diskette gespeichert?

Wenn Sie das Inhaltsverzeichnis der Diskette sehen wollen, wählen Sie im Hauptmenü Option 5: DISK-KATALOG. Damit wird der Katalog der gegenwärtig im Laufwerk befindlichen Diskette angezeigt. Er wird im üblichen Format des Disketten-Betriebssystems (DOS) angezeigt:

```
DATEN BANK..001


 A 041 DBM
 T 004 ADRESSEN
 T 003 COMPUTERKOSTEN

DRÜCKE BELIEBIGE TASTE ZUR RÜCKKEHR ZUM MENÜ
```

Mit dem Druck einer beliebigen Taste kehren Sie zum Hauptmenü zurück.

Es bewährt sich, diese Option zu verwenden, wenn Sie Zweifel am Disketteninhalt haben. Wählen Sie diese Option vor dem Versuch, Daten auf Diskette zu speichern, können Sie überprüfen, ob ein Filename bereits vergeben wurde. Sie können mit dieser Option auch nachprüfen, wieviel Platz auf der Diskette verblieben ist.

3.16 Lesen eines Datenfiles von einer Diskette

Ein Hauptmerkmal eines computerunterstützten Datenbanksystems ist die Leichtigkeit, mit der seine Benutzung erfolgt. Die Filestruktur muß selbst zu definieren sein. Die Daten müssen so eingegeben und soweit bearbeitet werden, daß Sie jene Information extrahieren können, die Sie im Augenblick benötigen. Dann speichern Sie den gegenwärtigen Zustand des Files auf Diskette, und können jederzeit an der Stelle fortsetzen, an der Sie aufgehört haben. Laden Sie die Daten wieder in den Benutzerspeicher und arbeiten Sie weiter!

Sie wissen bereits, wie ein Datenbestand auf Diskette gespeichert wird. Das Rücklesen eines zuvor abgespeicherten Files in den Speicher ist genauso leicht. Sie wählen Option 3: LESE FILE VON DISK im Hauptmenü. Wenn Sie nicht bereits ein Datenfile im Arbeitsspeicher haben, sehen Sie nun folgende Meldung:

```
--- FILE LESEN VON DISK ---

FILENAME ANGEBEN (MAX 30 ZEICHEN):
```

Ist bereits ein File im Arbeitsspeicher vorhanden, würde das Einlesen eines Datenbestands die vorhandenen Daten überschreiben. Sie werden daher in diesem Fall gefragt:

```
WOLLEN SIE DIESES FILE LöSCHEN? (J/N)
```

Damit sollen Sie erinnert werden, daß bereits ein File aktiv ist. Antworten Sie mit N(ein) auf diese Frage, kehrt das Programm zum Hauptmenü zurück, und Sie können zum Beispiel das gegenwärtig geladene File auf Diskette abspeichern.

Wenn Sie andererseits die Bearbeitung eines Files abgeschlossen haben und ein weiteres File einlesen wollen, werden Sie auf diese Frage mit J(a) antworten. Das File im Arbeitsspeicher wird gelöscht und folgende Meldung erscheint am Bildschirm:

```
FILE IST GELöSCHT...
```

Das Programm kehrt zum Hauptmenü zurück, und Sie müssen den Befehl LESE FILE VON DISK wiederholen! (Dies dient als Schutz gegen unbeabsichtigtes Überschreiben von Daten im Arbeitsspeicher: Sicherheit hat ihren Preis!)

Sollten keine Daten im Arbeitsspeicher sein, wenn Option 3 gewählt wird, kann der Benutzer nach der Meldung:

```
--- FILE LESEN VON DISK ---

FILENAME ANGEBEN (MAX 30 ZEICHEN):
```

den Namen des gewünschten Files eingeben. Wenn sich die richtige Diskette im Laufwerk befindet, beginnt mit dem Drücken der RETURN-Taste das Einlesen der Daten. Sobald die neuen Daten eingelesen sind, kehrt das Programm zum Hauptmenü zurück.

Sollte sich jedoch ein Fehler einstellen, würde die Fehlermeldung „I/O-Fehler" am Bildschirm erscheinen. Der Lesevorgang würde beendet. Mit einem beliebigen Tastendruck kehren Sie zum Hauptmenü zurück. Sie können die Ursache des I/O-Fehlers beheben und dann neuerlich versuchen, Daten von der Diskette zu lesen.

3.17 Löschen eines Datenfiles aus dem Arbeitsspeicher

Nachdem Sie mit einer Datenbank im Arbeitsspeicher gearbeitet haben, wollen Sie vielleicht eine neue anlegen. Wenn die neue Datenbank ein anderes Format als die im Arbeitsspeicher befindliche haben soll, muß Option 2 des Hauptmenüs gewählt werden. Zuvor allerdings muß das gegenwärtig bearbeitete File gelöscht werden. Das wird durch die Option 9 (des Hauptmenüs): LÖSCHE ARBEITSFILE erreicht.

Als Schutz gegen ein unbeabsichtigtes Löschen muß man diese Option bestätigen, bevor sie tatsächlich durchgeführt wird.

Es ist dazu die folgende Frage mit J(a) zu beantworten:

```
WOLLEN SIE DIESES FILE LöSCHEN? (J/N)
```

Hat man nicht mit J(a) geantwortet, nimmt das Programm einen Irrtum bei der Auswahl an und man wird zum Menü zurückgeführt.

Wird mit J(a) geantwortet, wird das augenblicklich geladene File gelöscht und die Meldung

```
FILE IST GELöSCHT...
```

kurz am Bildschirm angezeigt, bevor das Programm zum Hauptmenü zurückkehrt.

3.18 Beendigung der Arbeit mit dem Datenbankprogramm

Wenn Sie Ihre Arbeit mit dem Programm beenden wollen, können Sie mit der Option 6: PROGRAMMENDE das Programm verlassen und zum APPLE-Betriebssystem zurückkehren.

Da dies jedoch das Löschen des Arbeitsspeichers bedeutet, muß auch diese Option vor ihrer tatsächlichen Durchführung bestätigt werden. Daher muß auf die Meldung:

```
RÜCKKEHR ZU APPLE-DOS LöSCHT
LAUFENDEN ARBEITSSPEICHER

WOLLEN SIE DAS? (J/N)
```

mit J(a) geantwortet werden. Jede andere Antwort führt zum Hauptmenü zurück. Bestätigung der Frage mit J(a) beendet das Datenbankprogramm; Sie befinden sich im Disk Operating System (DOS) Ihres APPLE.

3.19 Löschen einer Datei von einer Diskette

Nicht länger benötigte Datenbanken löschen Sie mit dem DOS-Befehl DELETE, wobei Sie den Namen des zu löschenden Files anfügen müssen. Sie können mit RENAME Datenfiles neu benennen; weitere Kopien einer Datenbank erzeugen Sie am einfachsten durch Einlesen des Files von Diskette in den Arbeitsspeicher mit nachfolgendem Abspeichern unter einem anderen Namen. Unter DOS sind die Datenfiles "Textfiles", sie sind im Katalog mit "T" gekennzeichnet.

Und nun an die Arbeit!

Nur durch Praxis machen Sie sich mit dem Programm tatsächlich vertraut. Im nächsten Kapitel bringen wir einige Beispiele zur Verwendung dieses Programms. Gehen Sie die Beispiele durch und passen Sie sie an Ihre Bedürfnisse an. Bei dieser Gelegenheit werden Ihnen weitere Anwendungen einfallen, mit denen Sie Ihre frisch erworbenen Hilfsmittel optimal nutzen können.

3.20 Das Datenbankprogramm

```
1      GOTO 40000
2      REM *** (C)  COPYRIGHT 1982   ***
3      REM *** SCELBI PUBLICATIONS   ***
1000   IF AA$ = "" THEN 1030
1010   GOSUB 59980
       : PRINT "FILE BEREITS DEFINIERT..."
       : GOSUB 59990
       : PRINT "LöSCHE ARBEITSSPEICHER VOR NEUANLAGE"
       : I = 2000
       : GOSUB 59970
1020   GOTO 40000
1030   CLEAR
       : GOSUB 1900
1100   GOSUB 59980
1110   PRINT "NAME FüR FELD # ";X + 1;" (MAX 10 ZEICHEN)"
1120   LC = 10
       : GOSUB 50010
1130   A$(X) = W$
1200   GOSUB 59990
1210   PRINT "MAXIMALE ZEICHENZAHL FüR FELD ";X + 1;"?"
       : PRINT "HöCHSTENS 40 ZEICHEN ERLAUBT!"
       : PRINT
1220   LC = 2
       : LD = 1
       : GOSUB 51010
1230   IF W < 1 OR W > 40 THEN E$ = "UNGÜLTIGER BEREICH. NEUE EINGABE!"
       :     GOSUB 59800
       :     GOSUB 59850
       :     GOTO 1220
1240   IF B + W > 236 THEN E$ = "DATENSATZ ZU LANG. KüRZE FELDLÄNGE!"
       :     GOSUB 59800
       :     GOSUB 59850
       :     GOTO 1220
1250   A(X) = W
       : GOSUB 59990
1260   PRINT "IST FELD ";X + 1;" NUMERISCH ODER ALPHANUMERISCH (A/N)?"
       : PRINT
1270   LC = 1
       : GOSUB 50010
1280   IF W$ = "A" THEN A(X + 40) = 0
       :     GOTO 1310
```

```
1290   IF W$ < > "N" THEN GOSUB 59550
   :    GOSUB 59800
   :    GOSUB 59850
   :    GOTO 1270
1300   A(X + 40) = 1
1310   B = B + A(X)
   : IF B = 236 THEN 1400
1320   IF X > 38 THEN 1400
1330   GOSUB 59980
1340   PRINT "EINGABE EINES WEITEREN FELDES (J/N)?"
   : PRINT
1350   LC = 1
   : GOSUB 50010
1360   IF W$ = "J" THEN X = X + 1
   :    GOTO 1100
1370   IF W$ < > "N" THEN GOSUB 59550
   :    GOSUB 59800
   :    GOSUB 59850
   :    GOTO 1350
1400   GOSUB 59980
1410   PRINT "ALLE FELDER DEFINIERT!"
   : GOSUB 59990
1420   A(80) = X + 1
   : A(81) = 0
1430   C = FRE (0) - 1000
   : A(83) = B
   : B = INT (C / B)
   : IF B > 999 THEN B = 999
1440   PRINT "PLATZ FüR ";B;" DATENSÄTZE"
   : A(82) = B
1450   I = 1000
   : GOSUB 59970
   : AA$ = "D"
   : GOTO 41000
1900   DIM A(83),A$(39),B(39),B$(999)
   : D$ = CHR$ (13) + CHR$ (4)
   : RETURN
2000   GOSUB 2900
   : IF G = 1 THEN G = 0
   :    GOTO 41000
2100   B = 1
   : X = 0
   : B$(A(81)) = ""
2200   GOSUB 59980
   : A$ = STR$ (A(81) + 1)
   : PRINT TAB( 9);"--- SATZ ANFÜGEN ---"
   : GOSUB 59990
2210   GOSUB 2800
2220   T = A(81)
   : B$(T) = B$(T) + W$
2230   IF (X + 1) = A(80) THEN 2250
```

```
2240   B = B + A(X)
   :   X = X + 1
   :   GOTO 2200
2250   A(81) = A(81) + 1
2260   GOSUB 59990
   :   PRINT "WEITER MIT NÄCHSTEM SATZ (J/N)?"
   :   PRINT
2270   LC = 1
   :   GOSUB 50010
2280   IF W$ = "J" THEN 2000
2290   GOTO 41000
2800   PRINT "SATZ # ";A$;"    MAX ZEICHEN = ";A(X);
2810   IF A(X + 40) = 0 THEN PRINT " ALPHA"
   :      GOTO 2830
2820   PRINT " NUMERISCH"
2830   PRINT
   :   PRINT
   :   PRINT "NAME VON FELD # ";X + 1;": ";A$(X)
2840   PRINT "----------------------------------"
   :   GOSUB 59990
2850   LC = A(X)
   :   IF A(X + 40) < > 0 THEN LD = 0
   :      GOSUB 51010
   :      GOTO 2870
2860   GOSUB 50010
2870   IF LEN (W$) < A(X) THEN FOR I = 1 TO A(X) - LEN (W$)
   :      W$ = W$ + " "
   :      NEXT I
2880   RETURN
2900   G = 0
   :   IF A(81) > = A(82) THEN G = 1
   :      GOSUB 59980
   :      PRINT "FILE IST VOLL!!!"
   :      I = 1000
   :      GOSUB 59970
2910   RETURN
3000   GOSUB 2900
   :   IF G = 1 THEN G = 0
   :      GOTO 41000
3010   GOSUB 5800
   :   IF G = 1 THEN G = 0
   :      GOSUB 59990
   :      PRINT "BENUTZE ROUTINE ANFÜGEN..."
   :      I = 1000
   :      GOSUB 59970
   :      GOTO 41000
3100   GOSUB 3900
   :   GOSUB 5900
   :   GOSUB 59990
3110   PRINT "EINFÜGEN VOR SATZNUMMER: "
   :   PRINT
```

```
3120  LC = 3
   :  LD = 1
   :  GOSUB 51010
   :  IF W = 0 THEN 41000
3130  IF W < 1 OR W > A(81) THEN GOSUB 59560
   :     GOSUB 59800
   :     GOSUB 59850
   :     GOTO 3120
3140  FOR I = A(81) TO W - 1 STEP - 1
   :     B$(I + 1) = B$(I)
   :  NEXT I
3150  B = 1
   :  X = 0
   :  A$ = STR$ (W)
   :  B$(W - 1) = ""
3160  GOSUB 3900
   :  GOSUB 59990
   :  GOSUB 2800
3170  B$(W - 1) = B$(W - 1) + W$
   :  IF (X + 1) = A(80) THEN 3200
3180  B = B + A(X)
   :  X = X + 1
   :  GOTO 3160
3200  A(81) = A(81) + 1
   :  GOSUB 2900
   :  IF G = 1 THEN G = 0
   :     GOTO 41000
3210  GOSUB 59990
   :  PRINT "WEITERE EINFÜGUNG? (J/N)"
   :  PRINT
3220  LC = 1
   :  GOSUB 50010
   :  IF W$ < > "J" THEN 41000
3230  W = W + 1
   :  GOTO 3140
3900  GOSUB 59980
   :  PRINT TAB( 9);"--- DATENSATZ EINFÜGEN ---"
   :  RETURN
4000  GOSUB 5800
   :  IF G = 1 THEN G = 0
   :     GOTO 41000
4010  GOSUB 4900
   :  GOSUB 6900
4020  GOSUB 59990
   :  PRINT "ZUÄNDERNDE FELDER:"
4030  GOSUB 6800
4040  FOR I = 0 TO 39
   :     IF B(I) < > 0 THEN G = 1
4050  NEXT I
   :  IF G = 1 THEN G = 0
   :     GOTO 4100
4060  GOTO 41000 .
```

```
4100  GOSUB 4900
   :  GOSUB 5900
   :  GOSUB 59990
4110  PRINT "BEGINNE ÄNDERUNG MIT SATZ NUMMER:"
   :  PRINT
4120  LC = 3
   :  LD = 1
   :  GOSUB 51010
   :  Z = W
   :  IF Z = 0 THEN 41000
4130  IF Z < 1 OR Z > A(81) THEN GOSUB 59560
   :     GOSUB 59800
   :     GOSUB 59850
   :     GOTO 4120
4140  B = 1
   :  X = 0
   :  A$ = STR$ (Z)
4150  IF B(X) = 0 THEN 4200
4160  GOSUB 4900
   :  GOSUB 59990
   :  GOSUB 2800
4170  B$(Z - 1) = "(" + B$(Z - 1) + ")"
4180  B$(Z - 1) = LEFT$ (B$(Z - 1),B) + W$ + MID$ (B$(Z - 1),B + A(X) + 1)
4190  B$(Z - 1) = MID$ (B$(Z - 1),2, LEN (B$(Z - 1)) - 2)
4200  IF (X + 1) = A(80) THEN 4220
4210  B = B + A(X)
   :  X = X + 1
   :  GOTO 4150
4220  IF Z = A(81) THEN 41000
4230  GOSUB 59990
   :  PRINT "ÄNDERE NÄCHSTEN SATZ? (J/N)"
   :  PRINT
4240  LC = 1
   :  GOSUB 50010
   :  IF W$ < > "J" THEN 41000
4250  Z = Z + 1
   :  GOTO 4140
4900  GOSUB 59980
   :  PRINT TAB( 9);"--- SÄTZE ÄNDERN ---"
   :  RETURN
5000  GOSUB 5800
   :  IF G = 1 THEN G = 0
   :     GOTO 41000
5100  GOSUB 59980
   :  PRINT TAB( 9);"--- LÖSCHE DATENSÄTZE ---"
   :  GOSUB 5900
5110  GOSUB 5700
   :  IF G = 1 THEN G = 0
   :     GOTO 41000
5120  GOSUB 59980
   :  PRINT "SIE WOLLEN LÖSCHEN VON SATZ # ";Y
   :  PRINT "BIS SATZ # ";Z
```

```
5130  GOSUB 59990
    : PRINT "IST DIES RICHTIG? (J/N)"
    : PRINT
5140  LC = 1
    : GOSUB 50010
    : IF W$ < > "J" THEN 5100
5200  F = Z - Y + 1
    : IF Z < A(81) THEN FOR I = Z TO A(81)
    :     B$(I - F) = B$(I)
    :   NEXT I
5210  FOR I = 1 TO F
    :   A(81) = A(81) - 1
    :   B$(A(81)) = ""
    : NEXT I
    : GOSUB 5900
    : GOTO 41000
5700  G = 0
    : GOSUB 59990
    : PRINT "ERSTER SATZ ZUR BEARBEITUNG?"
    : PRINT
5710  GOSUB 5790
    : IF W = 0 THEN G = 1
    :   RETURN
5720  IF W > = 1 AND W < = A(81) THEN 5740
5730  GOSUB 59560
    : GOSUB 59800
    : GOSUB 59850
    : GOTO 5710
5740  Y = W
    : GOSUB 59990
    : PRINT "LETZTER SATZ ZUR BEARBEITUNG?"
    : PRINT
5750  GOSUB 5790
    : IF W = 0 THEN G = 1
    :   RETURN
5760  IF W < Y OR W > A(81) THEN GOSUB 59560
    :   GOSUB 59800
    :   GOSUB 59850
    :   GOTO 5750
5770  Z = W
    : RETURN
5790  LC = 3
    : LD = 1
    : GOSUB 51010
    : RETURN
5800  G = 0
    : IF A(81) = 0 THEN G = 1
    :   GOSUB 59980
    :   PRINT "FILE IST LEER!!"
    :   I = 500
    :   GOSUB 59970
5810  RETURN
```

```
5900   GOSUB 59990
    :  PRINT "LETZTER SATZ IM FILE IST:";A(81)
    :  I = 500
    :  GOSUB 59970
    :  RETURN
6000   GOSUB 5800
    :  IF G = 1 THEN G = 0
    :     GOTO 41000
6100   GOSUB 59980
    :  PRINT TAB( 9);"--- DATENSÄTZE LISTEN ---"
    :  GOSUB 5900
6110   GOSUB 5700
    :  IF G = 1 THEN G = 0
    :     GOTO 41000
6200   GOSUB 6500
6210   GOSUB 59980
    :  IF C = 1 THEN PR# 1
    :     GOSUB 59990
6220   GOSUB 6600
6230   FOR I = Y - 1 TO Z - 1
6240      GOSUB 6700
6250   NEXT I
6260   GOSUB 59990
    :  GOSUB 59990
    :  PR# 0
    :  GOTO 41000
6500   GOSUB 6900
    :  GOSUB 6910
6510   LC = 1
    :  GOSUB 50010
    :  IF W$ < > "J" THEN 6530
6520   GOSUB 6920
    :  GOSUB 6800
6530   GOSUB 6930
6540   LC = 1
    :  GOSUB 50010
    :  IF W$ = "J" THEN D = 1
    :     GOTO 6560
6550   D = 0
6560   GOSUB 6940
6570   LC = 1
    :  GOSUB 50010
    :  IF W$ = "D" THEN C = 1
    :     RETURN
6580   IF W$ < > "S" THEN GOSUB 59550
    :     GOSUB 59800
    :     GOSUB 59850
    :     GOTO 6570
6590   C = 0
    :  RETURN
6600   PRINT "FORMAT: FELDNUMMER, NAME, GRöSSE, TYPE:"
    :  PRINT
```

```
6610  FOR L = 1 TO A(80)
   :    IF B(L - 1) < > 0 THEN 6660
6620     IF L < 10 THEN PRINT " ";
6630     PRINT L;": ";A$(L - 1); TAB( 34);
   :    IF A(L - 1) < 10 THEN PRINT " ";
6640     PRINT A(L - 1);" ";
   :    IF A(39 + L) = 1 THEN PRINT "N"
   :       GOTO 6660
6650     PRINT "A"
6660  NEXT L
   : PRINT
   : PRINT
   : RETURN
6700  IF D = 1 THEN 6720
6710  PRINT "( ";I + 1;" )"
6720  E = 1
   : FOR K = 0 TO A(80) - 1
   :    IF B(K) < > 0 THEN 6740
6730     PRINT MID$ (B$(I),E,A(K))
6740     E = E + A(K)
   : NEXT K
   : PRINT
6750  IF C < > 0 THEN RETURN
6760  GOSUB 59990
   : PRINT "DRÜCKE 'RETURN' UM ABZUBRECHEN..."
   : PRINT "WEITER MIT LEERTASTE..."
6770  GET W$
   : IF ASC (W$) = 13 THEN I = Z - 1
   :    RETURN
6780  GOSUB 59980
   : RETURN
6800  PRINT "VERWENDE FELDNUMMERN, NICHT NAMEN!"
6810  PRINT "BEENDE LISTE DURCH EINGABE VON '0'!"
   : PRINT
   : PRINT
6820  LC = 2
   : LD = 1
   : GOSUB 51010
   : IF W < 0 OR W > A(80) THEN GOSUB 59560
   :    GOSUB 59800
   :    GOSUB 59850
   :    GOTO 6820
6830  IF W = 0 THEN RETURN
6840  B(W - 1) = 1
   : HTAB (1)
   : CALL - 868
   : GOTO 6820
6900  FOR I = 0 TO 39
   :    B(I) = 0
   : NEXT I
   : RETURN
```

```
6910   GOSUB 59980
   : PRINT "WOLLEN SIE FELDER UNTERDRÜCKEN? (J/N)"
   : PRINT
   : RETURN
6920   GOSUB 59980
   : PRINT "WELCHE FELDER?"
   : RETURN
6930   GOSUB 59980
   : PRINT "SATZNUMMERN UNTERDRÜCKEN? (J/N)"
   : PRINT
   : RETURN
6940   GOSUB 59980
   : PRINT "WOLLEN SIE AUSGABE AUF SCHIRM ODER        DRUCKER? (S/D)"
   : PRINT
   : RETURN
7000   GOSUB 5800
   : IF G = 1 THEN G = 0
   :    GOTO 41000
7100   GOSUB 59980
   : PRINT TAB( 9);"---   DATENSÄTZE SUCHEN   ---"
   : GOSUB 5900
7110   GOSUB 5700
   : IF G = 1 THEN G = 0
   :    GOTO 41000
7200   GOSUB 6500
7210   GOSUB 59980
   : PRINT "NAME DES SUCHFELDS"
   : PRINT
7220   LC = 10
   : GOSUB 50010
7230   GOSUB 7900
   : IF G = 1 THEN G = 0
   :    GOTO 7210
7300   GOSUB 59990
   : PRINT "SUCHE NACH ÜBEREINSTIMMUNG MIT:"
   : PRINT
7310   LC = A(B)
   : GOSUB 50010
   : GOSUB 59990
7320   F = 1
   : IF B > 0 THEN FOR I = 0 TO B - 1
   :     F = F + A(I)
   :   NEXT I
7330   GOSUB 59980
   : IF C = 1 THEN PR# 1
   :    GOSUB 59990
7340   PRINT "SUCHE IN FELD: ";A$(B)
   : PRINT "IN SATZ ";Y;" BIS ";Z
7350   PRINT "NACH AUSDRUCK :";W$
   : GOSUB 59990
   : X$ = W$
   : GOSUB 6600
7400   FOR I = Y - 1 TO Z - 1
```

```
7410     T$ = MID$ (B$(I),F,A(B))
7420     FOR J = 0 TO A(B) - LEN (X$)
7430      IF X$ < > MID$ (T$,J + 1, LEN (X$)) THEN 7500
7440       GOSUB 6700
7450       J = A(B) - LEN (X$)
7500     NEXT J
    : NEXT I
7510 GOSUB 59990
    : GOSUB 59990
    : PR# 0
    : GOTO 41000
7900 B = - 1
    : FOR K = 0 TO A(80) - 1
    :   IF W$ = A$(K) THEN B = K
    :      K = A(80)
7910 NEXT K
7920 IF B > = 0 THEN RETURN
7930 GOSUB 59980
    : PRINT "KEIN FELD MIT NAME: ";W$
    : I = 500
    : GOSUB 59970
    : GOSUB 59990
7940 PRINT "GÜLTIGE FELDNAMEN:"
    : PRINT
7950 FOR K = 0 TO A(80) - 1
    :    PRINT A$(K)
    :    I = 500
    :    GOSUB 59970
    : NEXT K
7960 G = 1
    : RETURN
8000 GOSUB 5800
    : IF G = 1 THEN G = 0
    :    GOTO 41000
8100 GOSUB 59980
    : PRINT TAB( 9);"---   DATENSÄTZE SORTIEREN   ---"
    : GOSUB 5900
8110 GOSUB 5700
    : IF G = 1 THEN G = 0
    :    GOTO 41000
8120 IF Z - Y < 1 THEN E$ = "SORTIERBEREICH MUSS >1 SEIN!!"
    :    GOSUB 59800
    :    GOTO 41000
8200 GOSUB 59980
    : PRINT "SORTIEREN NACH FELD(NAME):"
    : PRINT
8210 LC = 10
    : GOSUB 50010
8220 GOSUB 7900
    : IF G = 1 THEN G = 0
    :    GOTO 8200
8300 GOSUB 59980
    : PRINT "SORTIEREN DER DATENSÄTZE ";Y;" BIS ";Z
```

```
8400  Y = Y - 1
   :  Z = Z - 1
   :  F = 1
   :  IF B > 0 THEN FOR I = 0 TO B - 1
   :      F = F + A(I)
   :    NEXT I
8410  J = Z - Y + 1
8420  J = INT (J / 2)
8430  K = Z - J
8440  D = 0
8450  FOR I = Y TO K
8460    L = I + J
8470    IF A(40 + B) = 1 THEN 8500
8480    IF MID$ (B$(I),F,A(B)) < = MID$ (B$(L),F,A(B)) THEN 8550
8490    GOTO 8510
8500    IF VAL (MID$ (B$(I),F,A(B))) < = VAL (MID$ (B$(L),F,A(B))) THEN 8550
8510    T$ = B$(I)
8520    B$(I) = B$(L)
8530    B$(L) = T$
8540    D = 1
8550  NEXT I
8560  IF D > 0 THEN 8440
8570  IF J > 1 THEN 8420
8580  GOTO 41000
9000  GOSUB 5800
   :  IF G = 1 THEN G = 0
   :    GOTO 41000
9100  GOSUB 59980
   :  PRINT TAB( 9);"---   SÄTZE SUMMIEREN   ---"
   :  GOSUB 5900
9110  GOSUB 5700
   :  IF G = 1 THEN G = 0
   :    GOTO 41000
9200  GOSUB 59980
   :  PRINT "SUMMIERE ÜBER FELD(NAME):"
   :  PRINT
9210  LC = 10
   :  GOSUB 50010
9220  GOSUB 7900
   :  IF G = 1 THEN G = 0
   :    GOTO 9200
9230  IF A(40 + B) < > 1 THEN E$ = "ANGEGEBENES FELD IST NICHT NUMERISCH"
   :    GOSUB 59800
   :    GOTO 41000
9300  D = 0
   :  F = 1
   :  IF B > 0 THEN FOR I = 0 TO B - 1
   :      F = F + A(I)
   :    NEXT I
9310  FOR I = Y - 1 TO Z - 1
9320    D = D + VAL ( MID$ (B$(I),F,A(B))
9330  NEXT I
```

```
9400  GOSUB 59980
    : PRINT "SUMME ÜBER FELD ";A$(B)
9410  PRINT "IN DEN SÄTZEN ";Y;" BIS ";Z;" IST :"
    : GOSUB 59990
9420  PRINT D
9430  GOSUB 59990
    : PRINT "WEITER MIT BELIEBIGEM TASTENDRUCK..."
9440  GET W$
    : GOTO 41000
10000 GOSUB 59980
10010 PRINT "WOLLEN SIE DIESES FILE LöSCHEN? (J/N)"
    : PRINT
10020 LC = 1
    : GOSUB 50010
10030 IF W$ < > "J" THEN 40000
10040 CLEAR
    : GOSUB 59980
    : PRINT "FILE IST GELöSCHT..."
    : I = 1000
    : GOSUB 59970
    : GOTO 40000
11000 GOSUB 59980
    : ONERR GOTO 30900
11010 PRINT CHR$ (13); CHR$ (4);"CATALOG"
11020 GOSUB 59990
    : PRINT "DRüCKE BELIEBIGE TASTE ZUR RüCKKEHR ZUM MENü"
    : PRINT
11030 GET W$
    : POKE 216,0
    : GOTO 40000
12000 GOSUB 59980
    : PRINT "RüCKKEHR ZU APPLE-DOS LöSCHT "
    : PRINT "LAUFENDEN ARBEITSSPEICHER"
    : GOSUB 59990
    : PRINT "WOLLEN SIE DAS? (J/N)"
    : PRINT
12010 LC = 1
    : GOSUB 50010
    : IF W$ < > "J" THEN 40000
12020 GOSUB 59980
    : END
20000 IF AA$ = "D" THEN 10000
20100 GOSUB 59980
    : PRINT TAB( 6);"--- FILE LESEN VON DISK ---"
    : GOSUB 59990
20110 CLEAR
    : GOSUB 1900
    : GOSUB 20900
    : ONERR GOTO 30900
20200 PRINT D$;"OPEN ";W$
20210 PRINT D$;"READ ";W$
20300 FOR I = 0 TO 83
    :    INPUT A(I)
```

```
20310 FOR I = 0 TO 39
   :    INPUT A$(I)
   : NEXT I
20320 FOR I = 0 TO A(81)
   :    INPUT B$(I)
   : NEXT I
20400 PRINT D$;"CLOSE ";W$
20410 AA$ = "D"
   : POKE 216,0
   : GOTO 40000
20900 PRINT "FILENAME ANGEBEN (MAX 30 ZEICHEN):"
   : PRINT
20910 LC = 30
   : GOSUB 50010
20920 D$ = CHR$ (13) + CHR$ (4)
   : RETURN
30000 GOSUB 41900
   : IF G = 1 THEN G = 0
   :    GOTO 40000
30010 GOSUB 5800
   : IF G = 1 THEN G = 0
   :    GOTO 40000
30100 GOSUB 59980
   : PRINT TAB( 7);"---   SPEICHERE FILE AUF DISK   ---"
   : GOSUB 59990
30110 GOSUB 20900
   : ONERR GOTO 30900
30200 PRINT D$;"OPEN ";W$
30210 PRINT D$;"DELETE";W$
30220 PRINT D$;"OPEN ";W$
30230 PRINT D$;"WRITE ";W$
30300 FOR I = 0 TO 83
   :    PRINT A(I)
   : NEXT I
30310 FOR I = 0 TO 39
   :    PRINT A$(I)
   : NEXT I
30320 FOR I = 0 TO A(81)
   :    PRINT B$(I)
   : NEXT I
30400 PRINT D$;"CLOSE ";W$
30410 POKE 216,0
   : GOTO 40000
30900 GOSUB 59980
   : PRINT "I/O-FEHLER. DISKETTE PRÜFEN!!"
   : GOSUB 59990
   : PRINT "DRÜCKE BELIEBIGE TASTE ZUR RÜCKKEHR ZUM MENÜ"
30910 GET W$
   : POKE 216,0
   : GOTO 40000
40000 GOSUB 59980
   : GOSUB 59990
40010 PRINT TAB( 8);"1. ARBEITE MIT FILE IM SPEICHER"
```

```
40020 PRINT TAB( 8);"2. DEFINIERE SATZFORMAT"
40030 PRINT TAB( 8);"3. LESE FILE VON DISK"
40040 PRINT TAB( 8);"4. SPEICHERE FILE AUF DISK"
40050 PRINT TAB( 8);"5. DISK-KATALOG"
40060 PRINT TAB( 8);"6. PROGRAMMENDE
40080 PRINT
    : PRINT
40090 PRINT TAB( 8);"9. LöSCHE ARBEITSFILE"
40500 VTAB (23)
    : GET I$
    : I = ASC (I$) - 48
    : IF I < 0 OR I > 9 THEN 40500
40510 ON I + 1 GOTO 40500,41000,1000,20000,30000,11000,12000,40500,40500,10000
41000 GOSUB 41900
    : IF G = 1 THEN G = 0
    :   GOTO 40000
41010 GOSUB 59980
    : GOSUB 59990
41020 PRINT TAB( 10);"1. SATZ ANFÜGEN"
41030 PRINT TAB( 10);"2. SATZ EINFÜGEN"
41040 PRINT TAB( 10);"3. SATZ ÄNDERN"
41050 PRINT TAB( 10);"4. SATZ LöSCHEN"
41060 PRINT TAB( 10);"5. SATZ LISTEN"
41070 PRINT TAB( 10);"6. SATZ SUCHEN"
41080 PRINT TAB( 10);"7. SATZ SORTIEREN"
41090 PRINT TAB( 10);"8. SATZ SUMMIEREN"
41100 PRINT TAB( 10);"9. NÄCHSTES MENÜ"
41500 VTAB 23
    : GET I$
    : I = ASC (I$) - 48
    : IF I < 0 OR I > 9 THEN 41500
41510 ON I + 1 GOTO 41500,2000,3000,4000,5000,6000,7000,8000,9000,40000
41900 IF AA$ < > "D" THEN GOSUB 59980
    :   PRINT "KEIN FILE IM SPEICHER..."
    :   I = 500
    :   GOSUB 59970
    :   G = 1
41910 RETURN
50000 LC = 40
50010 W$ = ""
50020 GET I$
    : IF ASC (I$) < > 8 THEN 50060
50030 IF LEN (W$) > 1 THEN W$ = LEFT$ (W$, LEN (W$) - 1)
    :   PRINT I$;
    :   CALL - 868
    :   GOTO 50020
50040 IF LEN (W$) = 1 THEN W$ = ""
    :   PRINT I$;
    :   CALL - 868
50050 GOTO 50020
50060 IF ASC (I$) = 44 THEN GOSUB 59500
    :   GOSUB 59800
    :   GOTO 50020
```

```
50070 IF ASC (I$) < > 13 THEN 50100
50080 IF LEN (W$) > 0 THEN RETURN
50090 GOSUB 59520
    : GOSUB 59800
    : GOTO 50020
50100 IF LEN (W$) > = LC THEN GOSUB 59510
    :    GOSUB 59800
    :    GOTO 50020
50110 W$ = W$ + I$
    : PRINT I$;
    : GOTO 50020
51000 LC = 40
    : LD = 0
51010 W = 0
51020 GOSUB 50010
51030 IF ASC ( LEFT$ (W$,1)) = 0 THEN 51060
51040 IF ( LEFT$ (W$,1) = "." OR LEFT$ (W$,1) = "-") AND ( LEN (W$) > 1) THEN
         51070
51050 IF LEFT$ (W$,1) > "/" AND LEFT$ (W$,1) < ":" THEN 51070
51060 GOSUB 59530
    : GOSUB 59800
    : GOSUB 59850
    : GOTO 51010
51070 LI = LEN (W$)
    : W = VAL (W$)
    : W$ = STR$ (W)
    : IF LI < > LEN (W$) THEN 51060
51080 IF LD = 0 THEN RETURN
51090 IF (W - INT (W)) < > 0 THEN GOSUB 59540
    :    GOSUB 59800
    :    GOSUB 59850
    :    GOTO 51010
51100 LD = 0
    : RETURN
59500 E$ = "LEIDER SIND KOMMAS NICHT ERLAUBT!!"
    : RETURN
59510 E$ = "MAXIMALE FELDLÄNGE ERREICHT!!"
    : RETURN
59520 E$ = "BITTE EINE EINGABE!!"
    : RETURN
59530 E$ = "UNGÜLTIGE NUMERISCHE FORM. NOCHMALS!"
    : RETURN
59540 E$ = "GANZE ZAHL ERFORDERLICH. BITTE NOCHMALS!"
    : RETURN
59550 E$ = "EINGABE BITTE IM RICHTIGEN FORMAT!"
    : RETURN
59560 E$ = "ZAHL AUSSERHALB DES GÜLTIGEN BEREICHS!"
    : RETURN
59800 CH = PEEK (36)
    : CV = PEEK (37)
    : VTAB 22
    : HTAB 1
59810 GOSUB 59950
```

```
59820 PRINT E$;
59830 I = 500
    : GOSUB 59970
59840 POKE 36,0
    : CALL - 868
    : VTAB (CV + 1)
    : HTAB (CH + 1)
    : RETURN
59850 HTAB 1
    : CALL - 868
    : RETURN
59950 CALL - 198
    : FOR I = 1 TO 30
    :    I = I
    : NEXT I
    : CALL - 198
    : RETURN
59970 FOR I = I TO 0 STEP - 1
    :    I = I
    : NEXT I
    : RETURN
59980 HOME
59990 PRINT
    : PRINT
    : PRINT
    : RETURN
```

3.21 Zwei kleine Anmerkungen

Seien Sie nicht ratlos, wenn Ihr APPLE das Programm am Bildschirm oder Drucker in weniger übersichtlicher Form listet. Es liegt nicht an Ihrem Computer! Wir haben für den Ausdruck des Programms im vorigen Abschnitt ein kleines Spezialprogramm verwendet, um die Übersichtlichkeit zu heben.

Viel wichtiger ist folgendes: Drücken Sie bitte niemals während der Benutzung Ihres Datenbankprogramms die RESET-Taste! Sie können Ihre Daten nicht mehr mit der Option SPEICHERE FILE AUF DISK abspeichern, wodurch alle neu eingegebenen Daten verloren sind. Alle Versuche, mit GOTO 40000 statt mit RUN das Programm weiterarbeiten zu lassen, führen auf einen Konflikt mit dem Disk Operating System.

4
Anwendungen

In diesem Kapitel möchte ich einige praktische Anwendungen des Datenbankprogramms ausführlich beschreiben. Dabei sollen die Stärken des Programms optimal genutzt und seine Schwächen umgangen werden. (Die Anpassung an eigene Vorstellungen und Erfordernisse wird in Kapitel 7 für jene besprochen werden, die Grundkenntnisse im Programmieren besitzen.)

4.1 Adreßlisten

4.1.1 Die klassische Anwendung

Die vielleicht häufigste Anwendung eines Dateiprogramms besteht in der Pflege und Benutzung einer Adreßliste. Praktisch jeder Computerbesitzer hat genug Freunde, Verwandte, Bekannte und Mitarbeiter, so daß die Verwendung eines Computers zur Führung einer Adreßliste oft effektiver als die Führung eines Adreßbuchs ist. (Das gilt allerdings nicht für die Angaben Ihrer besten Freunde. Deren Daten sollten Sie stets im Kopf behalten.)

4.1.2 Definition des Satzformats

Jede Computeranwendung bedeutet auch eine Einschränkung. Die Einschränkung, auf die man bei der Definition der Felder in jeglicher Anwendung stößt, betrifft die Frage, wieviel Platz jedem Feld zukommen soll. Bedenken Sie, daß dem Programm die Maximalzahl an Zeichen für jedes Feld mitgeteilt werden muß.

Diese Entscheidung muß für jede Anwendung getroffen werden, obwohl Sie noch nicht wissen, welche Namen Ihnen in Zukunft unterkommen werden! Wie können Sie also eine maximale Feldlänge für die Eintragungen in Ihrer Adreßliste definieren? Hier zählt nur die Erfahrung!

Haben Sie bereits eine Liste von Namen geführt, die Bestandteil Ihrer Datei sein werden, dann besteht einige Aussicht, daß Sie bereits einige der längeren Namen kennen. Orientieren Sie sich an diesen Namen, und vergessen Sie nicht, Vornamen und Titel zu berücksichtigen. Um bei künftigen Ergänzungen sicherzugehen, sollten Sie dann noch einige zusätzliche Zeichenpositionen vorsehen, und schon haben Sie einen recht vernünftigen Wert für die Größe des Namensfeldes.

Wo liegt der Pferdefuß? Je längere Felder Sie zulassen, desto länger wird der Datensatz. Dadurch wird aber die Zahl an Datensätzen reduziert, die in einer Datei gespeichert werden können. Angenommen, Ihr Programm läßt 18000 Byte im Speicher frei. Wenn Sie ein Namensfeld mit 30 Zeichen definieren, wo Sie mit 20 auskommen, vergeuden Sie eine Menge Speicher. Bei einer Satzlänge von 100 Zeichen können Sie 180 Sätze speichern. Würde jeder Satz nur 90 Zeichen aufnehmen können, könnten bis zu 200 Sätze gespeichert werden. Die Überlegung lohnt daher, Titel und Vornamen abzukürzen und dadurch die maximale Feldlänge möglichst gering zu halten.

In den vergangenen zehn Jahren hatte ich mit etwa einer halben Million Namen zu tun. Dabei fand ich es selten notwendig, mehr als zwanzig Zeichen für das Namensfeld vorzusehen. Ich verwendete Adreßlisten meist geschäftlich. In solchen Fällen ist es annehmbar, Titel und Vornamen abzukürzen. In der folgenden Abbildung sind für das Namensfeld höchstens 20 Zeichen zulässig.

Dieselbe Entscheidung muß für die weiteren Felder getroffen werden. Beispielsweise wählen wir für das Feld „Straße" 30 Stellen, was bei geeigneten Abkürzungen (für Straße, Platz, ...) genügend Raum für Hausnummer, Stockwerksnummer, etc. bietet. (Wenn Sie Selbstklebeetiketten verwenden, werden Sie vermutlich nicht mehr als 30 Zeichen in einer Zeile drucken können. Die Zeile ist dann bereits 7,5 cm lang.) Dem Feld „Stadt" gönnen wir zwanzig Zeichen — und hoffen, daß dies genügt. Für das Feld „Postleitzahl" sehen wir 7 Zeichen vor.

4.1.3 Postleitzahlen sind keine Zahlen

Wenigstens nicht für unser Datenbankprogramm! Bei Briefen ins Ausland ist das internationale Kraftfahrzeugkennzeichen des betreffenden Landes voranzusetzen. Dieses Feld muß daher alphanumerisch deklariert werden.

Bei Telefonnummern geht es uns nicht anders. Wollen Sie die Ziffern der Vorwahl oder eine Durchwahlmöglichkeit angeben, so verwenden Sie dazu die Zeichen "—", bzw. "/". Mindestens 15 Zeichen sollten Sie für Telefonnummern zulassen. Auch dieses Feld ist alphanumerisch.

Für dieses Beispiel habe ich zwei weitere Felder vorgesehen: Kategorie und Code. Als Anwender habe ich im Moment einen Kleingewerbetreibenden im Sinn. Dieser würde folgende Kategorien verwenden: Lieferant, Kunde, möglicher Kunde, Rechtsbeistand, Finanzierung, Persönliches und anderes mehr...

Im Codefeld treffen wir eine weitere Gliederung der Kategorien. Zum Beispiel könnte die Kategorie „Rechtsbeistand" in STEUer, ALLGemein, ZIVIlrecht unterteilt werden, die Kategorie „möglicher Kunde" in ERSTkontakt, WEITere Verhandlungen, VERTragsreife, usw. Alle diese Zuordnungen werden bei der Aufnahme der Kontaktperson in die Adreßliste getroffen.

In unserem Anwendungsbeispiel sind sieben Felder zu definieren. Wenn Sie die einzelnen Feldlängen addieren, erhalten Sie die Satzlänge. In diesem Beispiel beträgt sie 104 Zeichen. Wenn in Ihrem Computer nach dem Laden des Datenbankprogramms noch 20000 Byte frei sind, können Sie mit diesem Satzformat etwas weniger als 200 Datensätze in einer einzigen Datei speichern.

Mittels der Option 2 des Hauptmenüs (DEFINIERE SATZFORMAT) wird das Format der einzelnen Felder, ihr Name, ihre Länge und Type angegeben. Eine Zusammenfassung der Felddefinitionen sieht wie folgt aus:

```
FORMAT: FELDNUMMER, NAME, GRÖSSE, TYPE:

   1: NAME                        20 A
   2: STRASSE                     30 A
   3: STADT                       20 A
   4: PLZ                          7 A
   5: TELEFON                     15 A
   6: KATEGORIE                    8 A
   7: CODE                         4 A
```

4.1.4 Dateneingabe

Nach der Definition der Felder kehren Sie zum Hauptmenü zurück und wählen dann Option 1: ARBEITE MIT FILE IM SPEICHER. Damit gelangen Sie zum Sekundärmenü, aus dem Sie die Option ANFÜGEN wählen.

Das hier verwendete Format ist lediglich zur Illustration gewählt worden, Sie werden es sicherlich leicht Ihren persönlichen Bedürfnissen anpassen können. Für das Folgende will ich annehmen, daß bereits einige Datensätze eingegeben wurden, die typischerweise wie folgt aussehen:

```
( 1 )
THOMA JOSEF ING.
LEOPOLDSTRASSE 5
MÜNCHEN
2000
324518
KUNDE
SANI
```

```
( 2 )
KELLERAMT DES STIFTS
STIFTPLATZ 1
WEINSBERG
A-3400
0043-2243-32451
LIEFER
WEIN


( 3 )
BRUCKNER ANTON DR.
QUELLENSTR. 88/7/12
HILDESHEIM
2299
0344-129876
RECHT
STEU
```

4.1.5 Ein Rundschreiben

Angenommen Sie hätten 150 Adressen in Ihrer Datei gespeichert. Wie sollen sie für ein Hauptverzeichnis geordnet werden? Nach dem Namen, dem Ort, der Postleitzahl? Diese Entscheidung bleibt Ihnen überlassen, sie mag von Anwendung zu Anwendung verschieden ausfallen. Jedenfalls wird Option 7: SORTIEREN die Arbeit besorgen. Danach erzeugt die Option LISTEN bei gleichzeitiger Ausgabe auf den Drucker das gewünschte Hauptverzeichnis.

Wollen Sie für einen bestimmten Personenkreis ein Rundschreiben versenden, so ermöglicht Ihnen dies die Option SUCHEN. Sie lassen die gesamte Datei durchsuchen und das Feld „Kategorie" z. B. nach künftigen Kunden überprüfen. Wenn Sie die Ausgabe auf den Drucker legen und die Felder 5, 6 und 7 unterdrücken, können Sie sogleich Adreßzettel erhalten.

4.1.6 Korrektur der Datei

Natürlich werden Sie Ihre Daten auf Diskette speichern, sobald Sie sie eingegeben haben. Wann immer Sie die Daten wieder benötigen, Option 3 des Hauptmenüs (LESE FILE VON DISK) bringt sie wieder von der Diskette in den Speicher des Computers. Dann können Sie die Optionen ANFÜGEN, EINFÜGEN, LÖSCHEN oder ÄNDERN benutzen, um Ihre Information auf den letzten Stand zu bringen.

Sie werden die Option ÄNDERN bei der Wartung Ihrer Adreßliste besonders nützlich finden. Damit ändern Sie den Inhalt einzelner Felder,

z. B. des Felds „Telefon", ohne die restlichen zu verändern. Oder wenn aus einem möglichen Kunden tatsächlich ein Kunde geworden ist, vermerken Sie dies durch Ändern des Inhalts des Feldes „Kategorie".

Bei Neueintragungen kann es zweckmäßig sein, statt der Option ANFÜGEN die Option EINFÜGEN zu verwenden, wenn entsprechend dem Ordnungsgesichtspunkt, der für das Hauptverzeichnis maßgeblich war, eingefügt wird. Damit vermeiden Sie den großen Zeitaufwand, den das Ordnen eines umfangreichen Datenbestands erfordert.

4.2 Schlagwortregister

Wenn Sie schon einmal ein Personen- und Sachregister für ein Buch anlegen mußten, wissen Sie, welche Plackerei das ist. Die klassische Methode besteht darin, mit einem leeren Stapel Karteikarten zu beginnen; seitenweise gehen Sie den Text durch und notieren die Schlagwörter mit den entsprechenden Seitenzahlen auf den Karteikarten. Während dieser Arbeit werden Sie versuchen, die Karten in alphabetischer Ordnung „vorzuordnen". Oder Sie führen die Ordnung erst dann ein, wenn Sie schon viele Karten gesammelt haben; das Ordnen kann nun allerdings Stunden dauern. Zum Schluß werden Sie die gesamte Information von den Karten abtippen und ein sauber geordnetes Register anlegen.

Haben Sie bisher noch kein Register für eine Veröffentlichung zusammengestellt, dann schätzen Sie sich glücklich! Man verbringt mit Leichtigkeit ein, zwei Tage mit dieser lästigen Arbeit.

Ein Datenbankprogramm kann diese Aufgabe allerdings wesentlich erleichtern.

4.2.1 Wir brauchen nur zwei Felder

Die typische Registererstellung kommt mit zwei Feldern aus. Das eine enthält das jeweilige Schlagwort, das andere die entsprechende Seitennummer.

Im folgenden Beispiel habe ich dem Feld „Wort" 20 Zeichen, dem Feld „Seite" 3 Zeichen zugewiesen. Letzteres Feld wird günstigerweise als numerisch deklariert, um bei wiederholtem Auftreten desselben Schlagworts eine Ordnung nach aufsteigenden Nummern zu erhalten.

Sobald die Schlagwortdatei formatiert ist, ist es kein Problem, den Text durchzugehen und die entsprechenden Schlagwörter in den Computer einzugeben. Hierbei ist es unerheblich, ob dasselbe Schlagwort auf verschiedenen Seiten auftritt. Legen Sie eine weitere „Karteikarte", richtiger gesagt einen weiteren Datensatz, an.

So etwa sehen die Rohdaten für ein typisches Schlagwortregister aus:

```
FORMAT: FELDNUMMER, NAME, GRöSSE, TYPE:

   1: WORT                              20 A
   2: SEITE                             3 N


KARTEI
54

FELD
55

FELD
52

SCHLAGWORTREGISTER
54

VERSANDLISTE
50

KUNDENKARTEI
45

HAUSRATSVERZEICHNIS
60

BUCHFÜHRUNG
72 ·

NEUWERT
68

ZEITWERT
68

LERNPROGRAMM
73

DATENSPEICHERUNG
79

FELD
99
```

Bitte beachten Sie, daß die Eingabe ohne Berücksichtigung einer alphabetischen Reihenfolge vorgenommen wurde. Die wichtigen Schlagwörter wurden so eingegeben, wie sie vorgefunden wurden. Der Text in diesem Beispiel wurde in zufälliger Weise und nicht von vorne nach hinten durchgegangen. (Damit wollen wir eine Fähigkeit unseres Programms zeigen. Normalerweise werden Sie zur Erstellung eines Registers den Text vom Anfang zum Schluß geradlinig durchgehen. Für unser Programm macht es jedoch keinen Unterschied, in welcher Reihenfolge Sie Ihre Rohdaten eingeben.)

4.2.2 Der Computer macht die harte Arbeit

Nach der Rohdateneingabe brauchen Sie dem Programm nur zu befehlen, daß nach dem Feld „Wort" sortiert werden soll. Unsere sortierte Liste würde nun wie folgt aussehen:

```
FORMAT: FELDNUMMER, NAME, GRöSSE, TYPE:

   1: WORT                          20 A
   2: SEITE                          3 N



   ( 1 )
BUCHFÜHRUNG
72

   ( 2 )
DATENSPEICHERUNG
79

   ( 3 )
FELD
99

   ( 4 )
FELD
55

   ( 5 )
FELD
52
```

```
( 6 )
HAUSRATSVERZEICHNIS
60.

( 7 )
KARTEI
54

( 8 )
KUNDENKARTEI
45

( 9 )
LERNPROGRAMM
73

( 10 )
NEUWERT
68

( 11 )
SCHLAGWORTREGISTER
54

( 12 )
VERSANDLISTE
50

( 13 )
ZEITWERT
68
```

Die Liste ist jetzt in alphabetischer Reihenfolge geordnet. Wenn das Register umfangreich ist und Sie zahlreiche Eintragungen unter demselben Schlagwort haben, werden Sie vielleicht noch einen Schritt weiter gehen wollen.

So kommt z. B. das Wort „Feld" in unserer Liste dreimal vor. Wegen der Reihenfolge, in der die Eintragungen ursprünglich vorlagen, und der Weise, in der die Ordnung des Feldes „Wort" erfolgte, sind die Seitennummern nicht in aufsteigender Reihe. Sie könnten nun lediglich die entspre-

chenden Sätze (in unserem Beispiel die Sätze 5 bis 7) nach dem Feld „Seite"
sortieren. Im Nu wären auch diese Datensätze neu geordnet:

```
FORMAT: FELDNUMMER, NAME, GRöSSE, TYPE:

  1: WORT                           20 A
  2: SEITE                           3 N


( 3 )
FELD
52

( 4 )
FELD
55

( 5 )
FELD
99
```

Damit sind die einzelnen Schlagwörter auch nach Seiten geordnet! Und
sollten mehrere Schlagwörter mehrfach vorkommen, so ist das Verfahren
für jede Untergruppe zu wiederholen. Danach können Sie das gesamte
Register in seiner endgültigen Form — sowohl alphabetisch als auch nach
Seiten geordnet — ausdrucken lassen.

Das geht viel schneller als mit der alten Karteikartenmethode, nach
meiner Erfahrung ist die Computermethode drei- bis viermal schneller und
bequemer. Ich möchte sie nicht mehr missen!

4.3 Haushaltsinventar

Haben Sie eine Vorstellung, was Ihre Wohnungseinrichtung, Ihr
Schmuck, Ihre Stereoanlage, Ihr Computer wert sind? Könnten Sie nach
einem Brand eine genaue Aufstellung Ihres Wohnungsinventars machen?

Ohne eine solche Liste ist eine Hausratversicherung hinausgeworfenes
Geld. Im Fall des Falles müssen Sie nämlich glaubhaft machen können, daß
Sie genau wissen, welche Verluste Sie erlitten haben.

Ein Weg, dieses Problem zu lösen, besteht darin, alle Rechnungen für
größere Haushaltsanschaffungen in einem Banksafe zu deponieren. Ein
anderer Weg ist die Verwendung Ihres Computers, um eine Liste Ihrer wich-

tigen Wertsachen anzulegen. Dann sollten Sie diese Liste (und vielleicht auch eine Kopie der Diskette) an einem sicheren Platz aufbewahren. Dies hat noch weitere Vorteile, wie Sie bald sehen werden.

4.3.1 Nur nicht zuviele Details

Mit einem Datenbankprogramm macht es nicht viel Mühe, ein brauchbares System aufzubauen, das die Verwaltung einer Inventarliste Ihres Haushalts gestattet. Ich benutze ein Satzformat mit lediglich sechs Feldern. Vielleicht wollen auch Sie dieses Format benutzen, das ich ausreichend gefunden habe. Sie können leicht nach Ihren Bedürfnissen Felder hinzufügen oder weglassen. Ich benutze das folgende Satzformat:

```
FORMAT: FELDNUMMER, NAME, GRöSSE, TYPE:

   1: GEGENSTAND                      40 A
   2: RAUM                            10 A
   3: WERT (DM)                        6 N
   4: KAUFDATUM                        8 N
   5: NOTIZ 1                         40 A
   6: NOTIZ 2                         40 A
```

Das erste Feld („Gegenstand") ist sehr lang, damit ich den Gegenstand im Bedarfsfall ausführlich beschreiben kann. Obwohl 40 Zeichen selten notwendig sind, ist es doch zweckmäßig, viel Zeichen vorzusehen — sie könnten einmal notwendig sein.

Für das Feld „Raum" (der Aufbewahrung oder Aufstellung) habe ich zehn Zeichen vorgesehen. Reicht der Raum nicht, sollten Sie Ihre eigenen Abkürzungen entwickeln, z. B. WOZI für Wohnzimmer etc., doch sollten Sie Ihre Bezeichnungen konsistent beibehalten. Damit können Sie leicht durch Sortieren nach diesem Feld eine Aufstellung der in jedem Raum aufbewahrten Gegenstände erhalten.

Das Feld „Wert" ist mit dem Zeichen DM in Klammer versehen. Es soll uns daran erinnern, daß Beträge auf den nächsten vollen DM-Betrag gerundet werden. Ich habe es als numerisch deklariert, um später die Operation SUMMIEREN darauf anwenden zu können. Ich beschränke die Stellenzahl auf sechs, da ich nichts im Haushalt besitze, das teurer als DM 999999 ist. (Wenn Sie allerdings Multimillionär sind, können Sie dieses Feld auch größer machen. Ich persönlich finde sechs Stellen ausreichend.)

Warum habe ich das Feld „Kaufdatum" mit acht Zeichen bemessen und als numerisch erklärt? Wenn Sie das Datum in der Form „JahrMonatTag" schreiben, lassen Sich die Wertgegenstände nach ihrem Alter sortieren. Für die Jahreszahl benutze ich vier Stellen, da ich als Optimist meinen APPLE noch im Jahr 2000 benutzen will. Wenn Sie nicht so optimistisch sind, genügen zwei Stellen für die Jahreszahl.

Die Felder 5 und 6 dienen zur Aufnahme weiterer Informationen über die Inventargegenstände. Sie müssen selbst entscheiden, ob Sie soviel Platz dafür vorsehen wollen. Denken Sie an die alte Regel: Je mehr Platz ein einzelner Datensatz einnimmt, desto weniger Datensätze können in einer Datei gespeichert werden. Mit dem soeben besprochenen Format können auf meinem System 148 Sätze gespeichert werden. Da ich keinesfalls so viele Wertgegenstände besitze, ist diese Satzlänge für mich zweckmäßig. Wenn es für Sie günstiger ist, können Sie die Felder 5 und 6 verkleinern oder weglassen, Sie können aber auch im Bedarfsfall mehrere Dateien für Ihr Inventar verwenden.

4.3.2 Datenaufnahme

Sobald das Dateiformat definiert ist, beginnt die Detektivarbeit: Wo befinden sich Gegenstände, die Sie im Versicherungsfall ersetzt bekommen wollen? Diese sollten Sie in Ihr Verzeichnis aufnehmen. Typische Beispiele sind:

```
SITZGARNITUR
WOHNZIMMER
2575
19791210
MöBELHAUS WERTHOLZ - SONDERANFERTIGUNG
REINIGUNG NUR MIT SPEZIALREINIGER

MIKROWELLENHERD
KÜCHE
990
19820324
KÜCHENHAUS KOCHGUT - ERZEUGER PHITACHI
2 JAHRE GARANTIE

PERLENKETTE
SAFE
3200
19801207
JUWELIER FEINGOLD
DOPPELTE KETTE
```

4.3.3 Bewerten Sie Ihren Besitz

Wenn alle Daten eingegeben sind, können Sie einen Blick auf Ihre Vermögenslage werfen. Vielleicht werden Sie überrascht sein.

Als ersten Versuch könnten Sie über das Feld „Wert" summieren. Überrascht Sie das Resultat? Halten Sie sich für ausreichend versichert?

Wissen Sie, welcher Raum die Schatzkammer des Hauses ist? Welchen sollten Sie im Fall eines Brandes als letzten räumen? Um dies zu erfahren, können Sie die Datei nach dem Feld „Raum" sortieren und dann über die Datensätze, die zu den einzelnen Räumen gehören, summieren. In Sekundenschnelle wissen Sie den Gesamtwert Ihrer Wertgegenstände in den einzelnen Räumen. Ist alles wie erwartet?

Haben Sie eine Zeitwert- oder eine Neuwertversicherung? Wissen Sie, wie Ihre Habe bereits gealtert ist? Sortieren Sie nach dem „Kaufdatum". Wenn Sie das Datum wie vorgeschlagen kodiert haben, werden die Wertgegenstände nach ihrem Alter geordnet ausgedruckt, die ältesten zuerst.

Wenn Sie jetzt über das Feld „Wert" innerhalb der Altersgruppen summieren und entsprechende Wertverluste berücksichtigen, können Sie sich ein Bild vom Zeitwert Ihres Besitzes machen.

4.4 Steuererklärung

Viele Personen mit kleineren Nebeneinkommen zuzüglich dem lohnsteuerpflichtigen Gehalt zahlen zuviel Steuern, da sie die Mühe scheuen, die Höhe ihrer Ausgaben dem Finanzamt glaubhaft zu machen. Wenn Sie nicht mit der Pauschalierung Ihrer Betriebsausgaben zufrieden sind, brauchen Sie eine Aufstellung Ihrer Einnahmen und Ausgaben. Auch dabei hilft Ihnen unser Datenbankprogramm.

4.4.1 Belege müssen sein

Natürlich müssen Sie weiterhin die Belege aufheben. Doch ist es jetzt viel leichter, Ordnung zu halten und zu beurteilen, welche Art der Versteuerung günstiger ist (nach Ausgaben oder pauschaliert).

Mit einer Datei folgenden Formats können Sie den gewünschten Zweck erreichen:

```
FORMAT: FELDNUMMER, NAME, GRöSSE, TYPE:

    1: DATUM                          4 N
    2: AUSGABE                       30 A
    3: BETRAG                         9 N
    4: KATEGORIE                     10 A
    5: NOTIZ                         40 A
```

Beachten Sie, daß das Datumfeld als numerisches definiert wurde und daß wir Raum für vier Zeichen gelassen haben. Das Datum wollen wir im Format „MonatTag" speichern (d.h. den 1. April wollen wir mit 401, den 15. November mit 1115 bezeichnen). Die Angabe der Jahreszahl ist dann überflüssig, wenn wir für jedes Steuerjahr eine eigene Datei verwenden.

Das Feld „Ausgabe" dient der Beschreibung des Ausgabepostens; 30 Zeichen werden in der Regel ausreichend sein, doch sollten Sie hier selbst entscheiden, wie umfangreich dieses Feld sein sollte.

Der „Betrag" ist als numerisches Feld mit neun Stellen vorgesehen. Da die Beträge in Mark und Pfennig anzugeben sind und bei der Eingabe der Dezimalpunkt mitgezählt wird, ist die größte erlaubte Zahl 999999,99.

Das vierte Feld mit maximal 10 Zeichen dient der Klassifikation der Ausgaben nach verschiedenen Kategorien, wie Weiterbildung, Kraftfahrzeug, usw.

Das letzte Feld „Notiz" mit 40 Zeichen dient der Speicherung von Anmerkungen.

Einige typische Eintragungen könnten wie folgt aussehen:

```
410
SEMINARGEBÜHR - BILDSCHIRMTEXT
300
FORTBILD.
BTX:APRIL 10-11

411
FACHZEITSCHRIFT
300
LITERATUR
ABO.RECHUNG VOM 20.MÄRZ

415
FARBBÄNDER FÜR DRUCKER
30.75
BÜROMAT.
```

4.4.2 Organisieren und entscheiden!

Sollten Sie es noch nicht gewußt haben, der mühsamste Teil bei der Verwendung eines Datenbankprogramms besteht in der Eingabe der Daten. Sobald die Daten eingegeben sind, die Sie verwenden wollen, wird alles einfach, denn nun übernimmt der Computer die mühsame Arbeit.

Lassen Sie das Programm zunächst alle Ausgabenbeträge aufsummieren. Sie können jetzt entscheiden, ob Sie pauschaliert verlagt werden wollen oder ob Sie Ihre Ausgaben dem Finanzamt vorlegen wollen. In letzterem Fall führen Sie eine Ordnung nach Kategorien durch, anschließend kann mit der Option LISTEN eine Liste erzeugt werden, die die Grundlage für Ihre Steuererklärung bildet.

4.5 Verkaufsanalyse

Die Besitzer eines Kleinbetriebs müssen ihren Lagerbestand und den Umsatz sorgfältig im Auge behalten. Die Spanne zwischen Einkaufs- und Verkaufspreis bestimmt zusammen mit der Geschwindigkeit, mit der das Lager erneuert wird, ob das Geschäft einen Gewicht abwirft.

Ein Produkt, das bei einer Gewinnspanne von 10 Prozent sechsmal pro Jahr verkauft wird, ist profitabler als ein Produkt, das bei 40 Prozent Gewinnspanne nur einmal pro Jahr verkauft wird.

Leider kennen viele Gewerbetreibende die Verkaufsrate ihrer Produkte nicht — der Verwaltungsaufwand ist ihnen zu hoch.

Auch hier kann das Datenbankprogramm helfen. Eine entsprechende Datei könnte wie folgt formatiert werden, damit z. B. einem Antiquitätenhändler eine Analyse seiner Lagerbewegung möglich ist.

```
FORMAT: FELDNUMMER, NAME, GRöSSE, TYPE:

   1: GEGENSTAND                    36 A
   2: CODE                          12 A
   3: KOSTEN                         8 N
   4: EINK.DATUM                     8 N
   5: ERLöS                          8 N
   6: VERK.DATUM                     8 N
```

Das erste Feld beinhaltet die Beschreibung des Gegenstands, das zweite eine Identifikation, z. B. auf Grund eines Einkaufsbelegs.

Die restlichen vier Felder sind numerisch und enthalten Einkaufspreis und -datum, sowie Verkaufspreis und -datum. Für das Datum schlagen wir wieder die Form „JahrMonatTag" vor, die wir bereits früher verwendet haben.

Mit 80 Zeichen pro Datensatz können mehrere hundert Datensätze in einer Datei gespeichert werden.

4.5.1 Typische Daten

Ein Antiquitätenhändler würde u. a. folgende Daten speichern:

```
( 1 )
BETTHÄUPTER-MESSING
MÖBL-001-005
650
19800515
1175
19820312

( 2 )
TIFFANY-LAMPE * KOPIE
EINR-004-102
200
19811106
400
19820203

( 3 )
PORZELLANPUPPE: CA.1907
SPIEL-002-97
95
19820515
0
0
```

Im dritten Datensatz enthalten die Felder 5 und 6 jeweils eine Null, das Objekt ist noch nicht verkauft.

4.5.2 Analyse

Sie erzeugen Ihre erste Datei, indem Sie Information in die ersten vier Felder eingeben, wenn Sie Objekte erwerben. Wenn später ein Gegenstand verkauft wird, können Sie seine Satznummer feststellen, indem Sie eine Suche nach dem „Gegenstand" oder dem „Code" durchführen. Anschließend können Sie mit der Option „Ändern" die letzten zwei Felder ändern und die Verkaufsdaten speichern.

Wenn Sie wissen wollen, ob Sie mehr aufwenden, als durch Verkauf hereinkommt, und ob Ihr Lager anwächst, können Sie zuerst über das Feld „Kosten", dann über das Feld „Erlös" summieren.

Eine chronologische Ordnung der Datei kann durch Ordnen nach dem „Einkaufsdatum" erreicht werden. Sie können dann Stück für Stück feststellen, welche Gegenstände am schnellsten umgesetzt werden.

Untergruppen lassen sich durch Sortieren nach dem Feld „Code" erzeugen. Durch Summation über die entsprechenden Datensätze erhalten Sie Aufschluß über die einzelnen Kategorien.

Ein letzter Hinweis: Wenn sie die Datei auf dem laufenden halten, ist es leicht, alte Datensätze zu löschen und Platz für neue zu schaffen. Ordnen Sie zuerst nach dem Verkaufsdatum und erzeugen Sie eine Liste jener Datensätze, die gelöscht werden sollen. Mit der Option LÖSCHEN entfernen Sie die nicht länger gebrauchten Datensätze (hoffentlich nur diese! Aber Sie haben doch einen Ausdruck der Datei und ein Duplikat der Diskette?).

4.6 Ein Lernprogramm

Dies ist eine einfache, jedoch sehr nützliche Anwendung des Datenbankprogramms. Trotz seiner Einfachheit sind viele Leute überrascht, wie brauchbar es ist.

Es genügt, eine Datei so zu gestalten, daß das Datenbankprogramm als Frage- und Antwortspiel abläuft. Die Datensätze dürfen dazu nur ein Feld enthalten. Folgende Formatierung reicht aus:

```
FORMAT: FELDNUMMER, NAME, GRöSSE, TYPE:

 1: ? / :                        40 A
```

Daraufhin erzeugen Sie eine Datei durch abwechselnde Eingabe von Fragen und Antworten. Sätze mit ungeraden Satznummern sind Fragen, mit geraden Nummern Antworten.

Die Fragen können sich auf jedes Wissensgebiet beziehen. Am günstigsten ist es, sie wie bei einer Vokabelprüfung zu gestalten. In einem gedachten Anwendungsfall könnten sie folgendermaßen aussehen:

```
( 1 )
HAUPTSTADT ITALIENS?

( 2 )
ROM

( 3 )
WÄHRUNG DER SCHWEIZ
```

```
( 4 )
FRANKEN

( 5 )
KRAFT?

( 6 )
MASSE MAL BESCHLEUNIGUNG
```

Sobald die Lerndatei geschrieben ist, kann das Lernen beginnen. Sie müssen lediglich das Programm in den Modus LISTEN versetzen. Beginnen Sie bei einem beliebigen Satz mit ungerader Nummer. Beantworten Sie für sich die vorgelegte Frage, bevor Sie mit dem Druck auf eine beliebige Taste (nur nicht die RETURN-Taste) die Antwort auf den Bildschirm bekommen. (Mit der RETURN-Taste brechen Sie das Programm ab.) Wußten Sie die Antwort? Seien Sie ehrlich gegen sich selbst. Notieren Sie die falsch beantworteten Fragen.

Mit Tastendruck geht es zur nächsten Frage, bis Sie mit RETURN dem Frage- und Antwortspiel ein Ende setzen, falls Sie das File nicht bis zum Ende durcharbeiten wollen.

Das System ist einfach und funktioniert gut. Es ist immer dann geeignet, wenn es um das Aneignen von Fakten geht. Vokabellernen ist die typische Anwendung.

4.7 Nun sind Sie dran!

Die zahlreichen Beispiele in diesem Kapitel sollten Ihnen Anregungen bieten. Wollen Sie Ihr Aktienpaket verwalten, Ihr Haushaltsbuch am Computer führen, ihre Lieblingsmelodien in Ihrer Cassettensammlung schneller finden, Ordnung in Ihre Dias bringen, interessante Zeitschriftenartikel wiederfinden? Sie haben einige Möglichkeiten für den Einsatz dieses flexiblen Programms gesehen, experimentieren Sie nun selbst!

5
Anatomie des Programms

Das restliche Material in diesem Buch soll die Neugierde des fortgeschrittenen Benutzers befriedigen. Wir informieren hier über die Struktur des Programms und die hinter dem Programm stehenden Überlegungen. Ein eingehendes Verständnis des Materials in diesem Abschnitt wird besonders für jene Benutzer hilfreich sein, die die Möglichkeiten des Programms erweitern oder modifizieren wollen.

Dieser Abschnitt ist demnach hauptsächlich für Leser, die Programmierkenntnisse besitzen. Zur Verwendung des Programms ist es nicht notwendig, diesen Abschnitt zu lesen.

5.1 Überlegungen zum Programmentwurf

Jeder Programmierer muß sich in der Programmentwurfsphase gewisse Richtlinien setzen. Diese beeinflussen zahlreiche Entscheidungen. Zwischen verschiedenen Möglichkeiten muß abgewogen werden.

Bei der Entwicklung des Programms gab es die folgenden wichtigen Überlegungen:

- Einfachheit, damit die Benutzung des Programms von anderen verstanden werden kann; leichte Bedienung durch den nicht eingeschulten Benutzer;
- Kompaktheit, damit genügend Platz für die Speicherung nichttrivialer Datenbestände bleibt;
- Sicherheit bei der Datenein- und -ausgabe, so daß nicht Bedienungsfehler zur unbeabsichtigten Zerstörung der Datenbank oder zu Programmunterbrechungen führen können.

Die soeben angeführten Faktoren schätzten wir höher ein als eine rasche Programmdurchführung, raffinierte Sortierverfahren oder schön gestaltete Bildschirmmeldungen.

Natürlich bevorzugt jeder Programmierer andere Parameter. Die getroffene Wahl ist oft eine Frage des persönlichen Geschmacks. Daher werden einige Leser nicht mit den gewählten Entwurfskriterien einverstanden sein. Recht so! Jedem steht eine eigene Meinung zu. Und mit der gebotenen Information steht es jedem Leser mit ausreichenden Programmierkenntnissen frei, das Programm zu verändern und nach seinem Geschmack zu gestalten; dabei muß er sich nicht an die Richtlinien halten, die wir uns gesetzt haben.

5.2 Organisation der Daten

Jeder Datensatz, den der Benutzer eingibt, wird in einem Zeichenkettenfeld (engl. *string array*) B$ gespeichert. Dieses Feld ist als B$(999) dimensioniert, so daß maximal 1000 Datensätze gespeichert werden können. Auf Grund von Input-Output-Beschränkungen und anderen Überlegungen kann der Benutzer nur Datensätze mit Nummern von 1 bis 999 verwenden. Da Arrayelemente ab 0 nummeriert werden, sind die vom Programm verwendeten Nummern stets um eins kleiner als die vom Benutzer angegebenen. Deswegen wird das Arrayelement 999 niemals verwendet, um Daten zu speichern (es wäre das tausendste). So dient dieses Element effektiv als „Puffer". Bei manchen Gelegenheiten kann es nützlich sein, ein solches Element zur Verfügung zu haben, wenn bestimmte Datenbankmanipulationen vorgenommen werden sollen. (Können Sie sich eine vorstellen?)

Jedes Arrayelement ist wegen Eingabe-/Ausgabe-Beschränkungen auf maximal 236 Zeichen limitiert. Der (von Applesoft auferlegte) theoretische Maximalwert beträgt 255 Zeichen für ein Element eines Zeichenkettenfeldes. Ich habe diese Begrenzung nicht ausgenutzt, um

1. für Operationen wie „ÄNDERN" Pufferzeichen zur Verfügung zu haben, wenn Datenfelder zerlegt werden, um Einfügungen vorzunehmen, und
2. Platz für raffiniertere Disketten-Eingaben und -ausgaben zu lassen, die eventuell weitere Pufferzeichen brauchen.

5.3 Kontrollfelder

Einige weitere Felder werden benötigt, um die Manipulation der in den Datensätzen gespeicherten Information zu unterstützen und zu kontrollieren. Eines davon ist der Feldnamenarray, dessen Variable mit A$(0) bis A$(39) bezeichnet sind. Hier können 40 Felder pro Datensatz definiert werden.

Ein numerischer Array mit Elementen A(0) bis A(83) dient mehreren Zwecken. Die ersten vierzig Elemente A(0) bis A(39) enthalten jeweils die Anzahl der Zeichen (Feldlänge), die die einzelnen Felder enthalten können. In den nächsten vierzig Elementen A(40) bis A(79) wird angezeigt, ob das Feld alphanumerisch oder rein numerisch ist. Wenn das entsprechende Feld alphanumerisch ist, enthalten diese Elemente den Wert Null. Eine Eins ist gespeichert, wenn das entsprechende Feld numerisch ist.

Element A (80) wird zur Speicherung der Gesamtzahl von Feldern benutzt, die der Benutzer den Datensätzen zuordnet.

Element A (81) enthält die Gesamtzahl an Datensätzen eines Files, bzw. es wird verwendet, um eine Zeigervariable darzustellen, die auf das nächste Arrayelement in B$( ) hinweist, in dem ein Datensatz dem File angefügt werden kann.

Element A (82) enthält die Maximalzahl an Datensätzen, die das File enthalten kann. Dieser Wert hängt vom Datensatzformat und dem verfügbaren Arbeitsspeicher ab.

Element A (83) enthält die Maximalzahl an Zeichen, die ein Datensatz enthalten darf. Sie ergibt sich durch Summation der für die einzelnen Felder zulässigen Zeichenzahlen der jeweiligen Formatdefinition. Element A (83) ist daher die Summe der Elemente A (0) bis A (39).

Ein weiterer Array wird während bestimmter Input-/Output-Operationen benutzt. Dieser Array enthält die Elemente B (0) bis B (39). Zum Beispiel enthalten während der Operation LISTEN die Elemente B (...) den Wert Null, wenn das entsprechende Feld gedruckt oder am Bildschirm dargestellt werden soll; sie enthalten eine Eins, wenn die Ausgabe des entsprechenden Feldes unterdrückt werden soll.

5.4 Speichern der Files

Der laufende Status jeder gerade bearbeiten Datenbank kann für spätere Verwendung leicht gespeichert werden. Es ist lediglich notwendig, die Arrayelemente A ( ), A$( ), A$( ), und B$( ) abzuspeichern. Dies wird durchgeführt, wenn der Benutzer eine Datenbank auf Diskette speichern möchte.

Das Laden eines Datenbestands von Diskette in den Arbeitsspeicher ist die Umkehrung des soeben beschriebenen Vorgangs. Die Arrayelemente werden in den Speicher geladen. Sie enthalten die gesamte Information, die das Programm braucht, um das Format des Files festzustellen, sowie die Daten der Datenbank.

5.5 Wichtige Unterprogramme

Im folgenden wollen wir die Wirkungsweise jedes einzelnen wichtigen Teils des Datenverwaltungsprogramms skizzieren. Eine detaillierte Betriebsanleitung finden Sie in Kapitel 3, einen zeilenweisen Kommentar zum Programmausdruck in Kapitel 6.

Zunächst darf gesagt werden, daß das Programm in hohem Maße modular aufgebaut ist. Jede einzelne Operation oder Funktion entspricht zur leichteren Bezugnahme einem Block von Zeilennummern. Hier ist eine Zusammenfassung der hauptsächlichen Routinen, geordnet nach ihren Anfangsnummern:

```
 1000  — Routine DATENSATZ FORMATIEREN
 2000  — Routine ANFÜGEN
 3000  — Routine EINFÜGEN
 4000  — Routine ÄNDERN
 5000  — Routine LÖSCHEN
 6000  — Routine LISTEN
 7000  — Routine SUCHEN
 8000  — Routine SORTIEREN
 9000  — Routine SUMMIEREN
10000  — Routine LÖSCHE ARBEITSFILE
11000  — Routine DISK-KATALOG
12000  — Routine PROGRAMM-ENDE
20000  — LESE FILE VON DISK
30000  — SCHREIBE FILE AUF DISK
40000  — Hauptmenü
41000  — Befehlsmenü
50000  — Routine für alphanumerische Eingabe
51000  — Routine für numerische Eingabe
59500  — Fehlermeldungen
59800  — Hilfsroutinen
```

●   Die Routine DATENSATZ FORMATIEREN:

Diese Routine prüft zuerst, ob nicht bereits ein Datenbestand im
Arbeitsspeicher ist. Wenn dies der Fall ist, führt sie sofort zum Hauptmenü
zurück.

Zur Formatierung eines neuen Files hat der Benutzer Feldnamen,
Feldlängen und Feldtypen anzugeben. Feldnamen werden in den entsprechenden Elementen des Feldnamensarrays A$( ) gespeichert. Feldlängen
und -typen werden in den Elementen von A( ) abgelegt. Die Eingaben
werden überprüft um sicherzustellen, daß die Feldlängen- und Satzlängen-
beschränkungen nicht überschritten werden. Die Routine akzeptiert in einer
Schleife maximal 40 Felddefinitionen. Sie erlaubt Eingaben, bis die gestatte-
te Satzlänge erreicht ist, oder bis der Benutzer anzeigt, daß er alle notwendigen Felder definiert hat. Bei normaler Beendigung führt diese Routine
zum Befehlsmenü.

●   Die Routine ANFÜGEN:

Zunächst überprüft diese Routine, ob das File noch nicht voll ist. Ist
dies nicht der Fall, akzeptiert sie Feld für Feld die Eingaben für den nächsten
Datensatz. Die Routine zeigt am Bildschirm Satznummer, Feldname, größte
erlaubte Länge und Feldtype an. Die Eingaben werden überprüft, ob sie die
Erfordernisse des Satzformats erfüllen. Die Routine läuft in einer Schleife,
bis das File voll ist oder der Benutzer angibt, daß keine weiteren Anfügungen

gewünscht werden. Bei normaler Beendigung führt diese Routine zum Befehlsmenü.

● Die Routine EINFÜGEN:

Zu Beginn überprüft die Routine, ob das File voll ist. Wenn nein, fragt sie nach der Position im File, an der die Einfügungen vorgenommen werden sollen. Die Eingabe des Benutzers wird auf Gültigkeit überprüft und im positiven Fall verschiebt die Routine alle Sätze über der Position der Einfügung (im Array B$) um ein Element, um Platz für den neuen Datensatz zu schaffen. Die Routine akzeptiert wie die Option ANFÜGEN feldweise Benutzereingaben. Eingaben werden auf ihre Übereinstimmung mit den Formatdefinitionen überprüft. Wenn ein Satz eingegeben wurde, fragt die Routine, ob an der gegenwärtigen Position ein weiterer Datensatz eingefügt werden soll. Wenn dies zutrifft, wiederholt die Routine den Vorgang. Bei normaler Beendigung führt diese Routine zum Befehlsmenü.

● Die Routine ÄNDERN:

Zuerst überprüft die Routine, ob das File nicht leer ist. Wenn dies nicht der Fall ist, fordert die Routine den Benutzer auf, die Feldnummern der Felder einzugeben, in denen er Änderungen vornehmen will. Dann akzeptiert sie Eingaben für die Felder, die geändert werden sollen. Die Benutzereingaben werden überprüft, ob sie mit den Formatdefinitionen übereinstimmen. Wenn alle relevanten Felder eingegeben wurden, wird der Benutzer gefragt, ob der nächste Datensatz im File geändert werden soll. In diesem Fall wird der Vorgang wiederholt. Bei normaler Beendigung führt diese Routine zum Befehlsmenü.

● Die Routine LÖSCHEN:

Zunächst überprüft die Routine, ob das File nicht leer ist. Darauf wird der Benutzer aufgefordert, den Datensatzbereich anzugeben, der entfernt werden soll. Diese Angabe wird überprüft. War die Eingabe korrekt, entfernt die Routine die angegebenen Sätze. Das erfolgt durch direkte Manipulation mit den Inhalten des Arrays B$( ). Die am Ende des Datenbestands frei werdenden Speicherplätze werden gelöscht. Der Datensatzzähler A (81) wird korrigiert, um den neuen Stand wiederzugeben. Das heißt, es wird die Anzahl der gelöschten Sätze von der Anzahl der ursprünglich vorhandenen Sätze abgezogen. Die neue Satzzahl wird am Schluß des Löschvorgangs angezeigt. Bei normaler Beendigung führt diese Routine zum Befehlsmenü.

● Die Routine LISTEN:

Zunächst überprüft die Routine, ob das File nicht leer ist. Wenn dies nicht der Fall ist, erinnert sie den Benutzer an den höchsten Datensatz. Dann fragt sie nach dem Satzbereich, der gelistet werden soll. Daraufhin wird nach den Nummern jener Felder gefragt, deren Ausgabe unterdrückt werden soll. Der Benutzer gibt ferner an, ob die Ausgabe auf dem Bildschirm oder auf einem externen Drucker erfolgen soll. Zu Beginn der Tabellierung werden die Namen der Felder, ihre Längen und Typen ausgegeben. Die gewünschten Datensätze werden ausgegeben. Bei normaler Beendigung führt diese Routine zum Befehlsmenü.

- Die Routine SUCHEN:

  Die Routine überprüft, ob das File Daten enthält. Wenn dies der Fall ist, wird die Nummer des letzten Datensatzes angezeigt. Darauf wird der Bereich erfragt, in dem gesucht werden soll. Anschließend werden die Nummern jener Felder angefordert, deren Ausgabe unterdrückt werden soll. Die Eingaben werden auf Gültigkeit überprüft. Der Benutzer kann angeben, ob Satznummern mitausgegeben werden sollen, und auf welchem Gerät die Ausgabe erfolgen soll. Darauf wird der Benutzer aufgefordert, den Namen jenes Feldes anzugeben, das in den Datensätzen durchsucht werden soll. Wenn ein ungültiger Name angegeben wird, zeigt die Routine eine Liste der gültigen Feldnamen an. Schließlich gibt der Benutzer die Zeichenfolge an, nach der die Routine im angegebenen Feld suchen soll. Die Routine setzt einen Zeiger, der auf das Feld weist, das geprüft werden soll. Zur Kontrolle werden der zu überprüfende Datensatzbereich, die Suchkriterien, Feldnamen, -längen und -typen am Bildschirm angezeigt. Die zu suchende Zeichenfolge wird dann mit allen möglichen Teilzeichenfolgen im gewünschten Feld verglichen und bei Übereinstimmung werden dann die nicht unterdrückten Felder jener Datensätze, bei denen die Suchzeichenfolge gefunden wurde, auf dem entsprechenden Gerät ausgegeben. Der Vorgang wiederholt sich, bis der angegebene Bereich durchsucht ist. Wenn die Ausgabe auf dem Bildschirm erfolgt, kann der Vorgang durch den Benutzer abgebrochen werden. Bei normaler Beendigung führt diese Routine zum Befehlsmenü.

- Die Routine SORTIEREN:

  Zunächst prüft die Routine, ob Daten vorhanden sind. Wenn dies zutrifft, wird die Nummer des höchsten Datensatzes angezeigt und der Benutzer nach dem Satzbereich gefragt, der sortiert werden soll. Der Bereich wird auf Gültigkeit überprüft, insbesondere muß er mindestens zwei Sätze enthalten. Die Routine fragt nach dem Namen des Feldes, nach dem sortiert werden soll. Wenn kein gültiger Name angegeben wird, erinnert die Routine an die definierten Feldnamen. Eine Zeigervariable weist auf das Schlüsselfeld (jenes Feld, nach dem sortiert werden soll) hin. Der angegebene Filebereich wird in alphabetischer oder numerischer Reihenfolge angeordnet. Die Sortiermethode wird oft als "Shell Sort" bezeichnet. Beachten Sie, daß die Inhalte der Datensätze vertauscht werden, wenn eine Überprüfung des Schlüsselfelds ergibt, daß ein Platzwechsel stattfinden soll. Da ein Sortiervorgang einige

Minuten dauern kann, wird eine entsprechende Meldung am Bildschirm angezeigt. Bei normaler Beendigung führt diese Routine zum Befehlsmenü.

- Die Routine SUMMIEREN:

Die Routine prüft, ob Daten vorhanden sind und zeigt anschließend die Nummer des höchsten Datensatzes an. Dann wird der Bereich angefordert, in dem summiert werden soll. Der Bereich wird auf Zulässigkeit überprüft. Hierauf wird der Name des Feldes angefordert, über das summiert werden soll. Bei ungültigem Feldnamen wird eine Liste der Feldnamen ausgegeben. Wenn das genannte Feld nicht numerisch ist, wird der Benutzer verständigt, worauf das Programm zum Befehlsmenü führt. Wenn das Feld numerisch ist, werden im angegebenen Bereich die Inhalte des entsprechenden Feldes summiert. Das Ergebnis wird dem Benutzer mitgeteilt. Auf Benutzerwunsch kehrt die Routine zum Befehlsmenü zurück.

- Die Routine LÖSCHE ARBEITSFILE:

Zuerst wird überprüft, ob der Benutzer tatsächlich die gegenwärtig im Arbeitsspeicher gespeicherte Datenbank löschen möchte. Wenn dies zutrifft, werden die Variablen gelöscht. Damit sind keine Daten mehr verfügbar. Die Routine führt zum Hauptmenü.

- Die Routine DISK-KATALOG:

Nach Definition einer Fehlerbehandlungsroutine, um Input-/Output-Fehler abzufangen, benutzt die Routine die Standard DOS-Anweisungen, um den Katalog der Diskette auszuweisen. Bei einem Input-/Output-Fehler endet die Routine und kehrt zum Hauptmenü zurück. Bei normaler Beendigung erfolgt ebenfalls Rückkehr zum Hauptmenü.

- Die Routine PROGRAMM-ENDE:

Sie erinnert den Benutzer, daß mit der Programmbeendigung auch die Daten im Arbeitsspeicher gelöscht werden. Sie ersucht ihn, seine Anweisung zu bestätigen. Wenn dies erfolgt, wird das Programm beendet und die Kontrolle dem APPLE-Betriebssystem übergeben. Andernfalls führt die Routine zum Hauptmenü.

- Die Routine LESE FILE VON DISK:

Die Routine prüft zuerst, ob bereits ein File im Arbeitsspeicher ist. Ist dies der Fall, übergibt sie den weiteren Ablauf der Routine LÖSCHE ARBEITSFILE. Andernfalls wird der Benutzer aufgefordert, den Namen des Files anzugeben, das von Diskette gelesen werden soll. Eine Fehlerbehandlungsroutine wird definiert. DOS-Kommandos öffnen das angegebene File und lesen die Daten in folgender Reihenfolge: Array A ( ) (Feldmerkmale), Array A$( ) (Feldnamen) und Array B$( ) (Datensätze). Im Fall eines Input-/Output-Fehlers wird die Routine mit einer Fehlermeldung verlassen. Bei normaler Beendigung führt die Routine zum Hauptmenü zurück.

- Die Routine SPEICHERE FILE AUF DISK:

Die Routine prüft, ob Daten im Arbeitsspeicher sind. Wenn nicht, kehrt das Programm zum Hauptmenü zurück. Wenn Daten vorhanden sind, fragt die Routine den Benutzer nach einem Filenamen, unter dem die Daten auf Diskette gespeichert werden sollen. Eine Fehlerbehandlungsroutine wird definiert, um Fehler der Diskettenbehandlung abzufangen. Mit DOS-Befehlen wird ein File mit dem vom Benutzer angegebenen Namen auf der Diskette angelegt. Ein eventuell früher unter dem gleichen Namen angelegtes File wird überschrieben. Darauf wird in folgender Reihenfolge die Datenbank auf Diskette geschrieben: Array A ( ) (Feld- und Fileparameter), Array A$( ) (Feldnamen), Array B$( ) (Datensätze). Bei einem Eingabe-/Ausgabe-Fehler wird die Routine mittels einer Fehlerroutine abgebrochen. Andernfalls führt sie zum Hauptmenü zurück.

- Die Routine HAUPTMENÜ:

Sie zeigt in Menüform die primären Programmoptionen an, die dem Benutzer zur Verfügung stehen. Dann wartet sie auf eine Eingabe über die Tastatur und prüft, ob dies eine gültige Wahl aus dem Menü war. Ungültige Auswahl wird ignoriert. Bei einer gültigen Wahl wird die Kontrolle an die entsprechende Routine übergeben.

- Die Routine BEFEHLSMENÜ:

Sie zeigt die sekundären Programmoptionen in Menüform an, die dem Benutzer zur Verfügung stehen. Sie überprüft die Tastatur und wartet auf gültigen Input, worauf die Kontrolle an die entsprechende Routine übergeben wird.

- Die Routine für alphanumerische Eingabe:

Diese Routine erzeugt einen Eingabepuffer und akzeptiert Eingaben über die Tastatur. Sie löscht bei Eingabe des Zeichens ‚Pfeil nach links‘ das vorangegangene Zeichen, außer wenn der Puffer leer ist. Mit ihr werden ebenfalls die Anzahl der eingegebenen Zeichen kontrolliert. Die Routine kehrt zum rufenden Programm zurück, wenn die RETURN-Taste gedrückt wird. Bei leerem Eingabepuffer wird die RETURN-Taste ignoriert.

- Die Routine für numerische Eingabe:

Sie benutzt die Routine zur alphanumerischen Eingabe, um von der Tastatur eine Zeichenkette zu erhalten. Darauf überprüft sie, ob die Zeichenkette eine gültige numerische Eingabe darstellt. Wenn die Eingabe ungültig ist, wird der Eingabepuffer gelöscht, eine Fehlermeldung geschrieben und der Eingabevorgang wiederholt. Bei einer gültigen numerischen Eingabe kehrt die Routine zur rufenden Routine zurück.

- Fehlermeldungen:

Fehlermeldungen, die von mehreren Routinen verwendet werden, sind in diesem Programmteil zusammengefaßt. Sie werden einer Stringvariablen zugewiesen und der rufenden Routine zum Ausdruck übergeben. Rückkehr zur rufenden Routine.

- Hilfsroutinen:

Mehrfach verwendete Routinen zur Gestaltung des Bildschirms sind am Programmende zusammengefaßt.

5.6 Anmerkungen zur Zeilennummerierung

Zeilen sind in Inkrementen von mindestens 10 nummeriert. Logische Blöcke innerhalb von Subroutinen sind durch verschiedene Hunderterziffern erkennbar. Untergeordnete Subroutinen befinden sich am Ende des jeweiligen Programmblocks.

Beispielsweise hat die Routine zur Formatierung von Datensätzen Unterteilungen, die in den Zeilen 1000, 1100, 1200 und 1400 beginnen. Eine zugehörige Unterroutine beginnt in Zeile 1900.

Diese Zeilennummerierung läßt dem Benutzer genügend Raum, innerhalb jedes Abschnitts zusätzliche Anweisungen einzufügen. Solche Einfügungen sind im allgemeinen ohne Störung der Struktur des restlichen Programms möglich.

Es gibt große Bereiche, in denen bei Bedarf völlig neue Abschnitte eingefügt werden können. Neue Routinen können beispielsweise zwanglos in den Bereich 13000 bis 19999 eingepaßt werden.

Weitere Information zur Struktur des Programms und seiner Funktionsweise finden Sie in der Programmliste am Ende von Kapitel 3 und im folgenden Kapitel 6, in dem ein Kommentar zu den einzelnen Zeilen die Funktion aller Programmzeilen erläutert.

6
Kommentar zum Programm

Das Kapitel bietet jene Informationen an, die Programmierer und jene Benutzer, die Änderungen vornehmen wollen, höchst nützlich finden werden. Sie bestehen aus drei Teilen: (1) einem ausführlichen Kommentar zu wichtigen Zeilen, (2) einer Tabelle der verwendeten Variablen und ihrer Bedeutung, und schließlich (3) einer Tabelle von Querverweisen zwischen Zeilennummern.

Der Zeilenkommentar betrifft die einzelnen Zeilen des in BASIC geschriebenen Quellprogramms, das in Kapitel 3 abgedruckt ist. Wir erwarten, daß dieser Zeilenkommentar zusammen mit der Liste des Quellprogramms dem interessierten und geübten Leser jene Information geben wird, die er über das Programm und seine Funktionsweise erhalten möchte. Auch Anfänger im Programmieren werden sicherlich einiges aus dieser detaillierten Beschreibung lernen.

Die Tabelle Zeilennummern, in denen die verschiedenen Variablen vorkommen, wird durch eine Liste der hauptsächlichen Bedeutungen der einzelnen Variablen ergänzt. Insbesondere wird mit dieser Hilfe klar, welche Variable lediglich eher Hilfsaufgaben erfüllen, und welche Variable sehr wichtig sind. Die Tabelle ist daher eine wichtige Informationsquelle. Mit ihrer Hilfe können Sie prüfen, ob Änderungen, die man vornehmen möchte, die Funktion anderer Programmabschnitte stören werden.

Schließlich soll die Zeilennummerntabelle den Benutzer bei Programmänderungen unterstützen. Es wird jede Zeile angeführt, die durch eine GOTO-, GOSUB- oder THEN-Anweisung erreicht wird. Auf diese Weise kann überprüft werden, ob in anderen Zeilen auf eine bestimmte Zeile Bezug genommen wird, die gelöscht oder geändert werden soll. Vergessen Sie dies nicht, sonst ruinieren Sie das Programm!

Mit dieser Information ausgestattet sind Sie nun in der Lage, wenn Sie es wünschen,

1. alles Wissenswerte über das Funktionieren des Programms zu lernen, und

2. das Programm nach Ihren Wünschen und Vorstellungen zu verändern und zu verbessern.

6.1 Kommentierung der Programmzeilen

1   Sprung zum Hauptmenü.

1000   Prüfung, ob bereits ein File definiert wurde.

1010   Wenn ein File existiert, lösche den Bildschirm. Benachrichtige den Benutzer. Setze Warteschleifenlänge, rufe Warteschleifenroutine, um dem Benutzer Zeit zum Lesen der Meldung zu geben.

1020   Rücksprung zum Hauptmenü.

1030   Einstieg zur Filedefinition. Initialisierung aller Variablen. Array-dimensionierung via Subroutineaufruf.

1100   Schirm löschen.

1110   Eingabeaufforderung: Feldname.

1120   Beschränke Feldnamen auf 10 Zeichen. Erlaube alphanumerische Eingabe.

1130   Speichere Feldname in Array Feldnamen.

1200   Einige Leerzeilen auf Bildschirm.

1210   Fordere Feldlänge an.

1220   Limitiere Eingabe auf zwei Ziffern und ganzzahlige Eingabe. Lese numerische Eingabe.

1230   Prüfe angegebene Länge. Im Fehlerfall Fehlermeldung setzen, über Fehlerroutine ausgeben, letzte Eingabe vom Schirm löschen, Wiederholung der Eingabe.

1240   Prüfe, ob neue Feldlänge übergroße Satzlänge bedeuten würde. In diesem Fall setze Fehlermeldung, Ausgabe via Fehlerroutine, Lösche letzte Eingabe, wiederhole Leseversuch.

1250   Speichere gültige Länge in entsprechendes Element des Array für Feldlängen.

1260   Frage, ob Feld numerisch oder alphanumerisch.

1270   Beschränke Eingabe auf ein Zeichen. Lese alphanumerische Eingabe.

1280   Wenn Feld alphanumerisch, speichere '0' in entsprechendes Element des Array Feldstatus.

1290   Fehlerbehandlung bei falscher Eingabe, lösche Eingabe, nochmaliger Leseversuch.

1300   Speichere '1' in Feldstatusarray, wenn Feld numerisch ist.

1310   Erhöhe Zeichenzähler für Datensatz. Wenn Maximum überschritten, beende Felddefinition.

1320   Beende Felddefinition, wenn 40 Felder definiert wurden.

1330   Lösche Bildschirm.

1340   Frage, ob weiteres Feld definiert werden soll.

1350   Beschränke Eingabe auf ein Zeichen. Lese alphanumerische Eingabe.

1360   Erhöhe Feldzähler bei Definition weiterer Felder. Rücksprung zur Definition des nächsten Feldes.

1370   Fehlerbehandlung bei falscher Eingabe, lösche Eingabe, nochmaliger Leseversuch.

1400   Lösche Schirm, wenn Felddefinitionen beendet sind.

1410   Bestätige Ende der Felddefinitionen. Einige Leerzeilen.

1420   Speichere Anzahl der Felder eines Datensatzes in A (80). Initialisiere A (81) als Zähler für die gespeicherten Datensätze.

1430   Bestimme freien Arbeitsspeicher, Platz für Variable und eventuelle Modifikationen lassen. Zeichenzahl pro Datensatz in A (83) speichern. Bestimme, wieviel Sätze in den Arbeitsspeicher passen. Satzzahl auf 999 begrenzen.

1440   Informiere Benutzer über Maximalzahl an Datensätzen. Speichere diese Zahl in A (82).

1450   Warteschleife. Setze Flagge, daß File definiert wurde. Sprung zum Befehlsmenü.

1900   Setze Flagge, daß File definiert wurde. Dimensioniere Felder. Rücksprung.

2000   Routine ANFÜGEN. Prüfe mit Subroutine, ob File voll ist; falls positiv, Rückkehr zum Befehlsmenü.

2100   Initialisiere Zeichenpositionszähler und Feldzähler. Lösche laufenden Datensatz.

2200   Lösche Bildschirm. Wandle laufende Satznummer in String für schönere Ausgabe um. Zeige laufende Funktion am Bildschirm an.

2210   Rufe Subroutine zur Anzeige des Zustands ANFÜGEN und lese Eingabe Feld.

2220   Füge das Feld dem laufenden Datensatz an.

2230   Wenn alle Felder eines Datensatzes gelesen, überspringe nächste Zeile.

2240   Andernfalls erhöhe Zeichenpositionszähler, erhöhe Feldzähler. Rücksprung, um Daten für nächstes Feld zu lesen.

2250   Erhöhe Satzzähler.

2260   Wünscht Benutzer die Eingabe eines weiteren Datensatzes?

2270   Beschränke Eingabe auf ein Zeichen. Lese alphanumerische Eingabe.

2280   Rücksprung an den Beginn dieser Routine, sollte Benutzer weiteren Satz anfügen wollen.

2290   Andernfalls Rückkehr zum Befehlsmenü.

2800   Subroutine zum Einlesen von Daten in Felder. Zeige laufende Satznummer und Maximalzahl an erlaubten Zeichen im laufenden Feld an.

2810   Wenn laufendes Feld alphanumerisch ist, zeige dies an und überspringe nächste Zeile.

2820   Feld ist numerisch.

2830 Zeige Feldnummer und Feldname an.

2840 Trenne mit horizontaler Linie Kopf von Benutzereingabe.

2850 Limitiere Benutzereingabe auf erlaubte Maximalzahl für das laufende Feld. Wenn Feld numerisch, lösche Flagge „ganzzahlig", um Werte mit Dezimalpunkt zuzulassen. Lese Daten in numerischer Form. Überspringe nächste Zeile, wenn das Feld numerisch ist.

2860 Wenn das Feld alphanumerisch ist, akzeptiere alphanumerische Eingabe.

2870 Wenn Eingabe das Feld nicht ausfüllt, fülle Rest des Feldes mit Leerzeichen.

2880 Ende der Subroutine.

2900 Unterprogramm zur Prüfung, ob File voll. Lösche Fehlerflagge. Prüfe, ob die Maximalzahl an Datensätzen erreicht ist. Falls ja, lösche Bildschirm und zeige Meldung. Setze Warteschleifenzähler, durchlaufe Warteschleife, während Meldung am Bildschirm zu sehen ist.

2910 Rücksprung zum rufenden Programm.

3000 Routine EINFÜGEN. Rufe Subroutine, mit der überprüft wird, ob File voll ist. In diesem Fall Rückkehr zum Befehlsmenü.

3010 Rufe Subroutine, ob File leer ist. Wenn Fehlerflagge bei Rückkehr gesetzt ist, ist das File leer. Lösche Fehlerflagge, sage Benutzer, er soll Routine ANFÜGEN benutzen. Warteschleife. Rückkehr zum Befehlsmenü.

3100 Aufruf einer Routine, die den Funktionskopf darstellt. Rufe Subroutine, um letzten Datensatz festzustellen.

3110 Befrage Benutzer, an welcher Stelle Einfügung erfolgen soll.

3120 Beschränke Eingabe auf 3 Ziffern, nur ganze Zahl ist erlaubt. Lese numerische Eingabe. Bei Eingabe von 0 Rückkehr zum Befehlsmenü.

3130 Wenn der gewünschte Satz außerhalb des möglichen Bereichs liegt, setze eine Fehlermeldung, rufe Subroutine, um Fehlermeldung am Schirm anzuzeigen. Lösche letzte Eingabe, wiederhole Leseversuch.

3140 In einer Schleife (Schleifenindex läuft von der höchsten Satznummer bis zur angegebenen) werden alle Datensätze um eine Position verschoben, um Raum für die Einfügung zu gewinnen.

3150 Initialisiere Feld- und Zeichenpositionszähler. Umwandlung der Einfügungspositionsnummer in String für schöneren Ausdruck. Lösche den Speicherbereich für den einzugebenden Datensatz.

3160 Zeige Funktion an. Rufe Subroutine zur Dateneingabe in laufendes Feld.

3170 Füge das Feld an den Datensatz an. Wenn alle Felder verarbeitet sind, überspringe nächste Zeile.

3180 Erhöhe Zeichenpositionszähler und Feldzähler. Bearbeite nächstes Feld.

3200   Erhöhe Datensatzzähler. Rufe Subroutine zur Prüfung, ob das File voll ist. Wenn Fehlerflagge gesetzt wurde (File ist voll), lösche sie und kehre zum Befehlsmenü zurück.

3210   Noch Platz im File. Fordere Benutzer zu neuerlicher Eingabe eines Datensatzes auf.

3220   Beschränke Eingabe auf 1 alphanumerisches Zeichen. Wenn Antwort nicht 'J', Rückkehr zum Befehlsmenü.

3230   Erhöhe Einfügungszeiger. Rückkehr zum Einfügen eines neuen Satzes.

3900   Subroutine zur Anzeige der gewählten Funktion.

4000   Routine ÄNDERN. Überprüfung, ob File leer ist. Wenn Fehlerflagge gesetzt ist, lösche sie und kehre zum Befehlsmenü zurück.

4010   Zeige gewählte Funktion an. Lösche Feldstatuselemente.

4020   Frage Benutzer nach zu ändernden Feldern.

4030   Rufe Subroutine zur Identifikation der zu ändernden Felder.

4040   Bilde Schleife zur Prüfung der Feldstatuselemente, ob wenigstens ein Feld geändert werden soll. Wenn erfolgreich, setze eine Flagge.

4050   Schleife über Array. Wenn Flagge gesetzt, lösche Flagge und überspringe nächste Zeile, um Änderungen zu beginnen.

4060   Wenn kein Feld zur Änderung markiert ist, Rückkehr zum Befehlsmenü.

4100   Zeige Funktion an. Rufe Subroutine zur Anzeige der letzten Satznummer.

4110   Frage nach der Nummer des ersten zu ändernden Satzes.

4120   Limitiere Eingabe auf 2 numerische Zeichen; nur ganze Zahl. Bei Eingabe von Satznummer 0 erfolgt Rückkehr zum Befehlsmenü.

4130   Wenn Satznummer ungültig, setze eine Fehlermeldung und zeige sie an. Lösche soeben eingegebene Zeile, wiederhole Eingabe einer gültigen Satznummer.

4140   Initialisiere Zeichenpositionszähler. Wandle Satznummer in String um.

4150   Wenn Feld nicht geändert werden soll, überspringe Änderungsabschnitt bis 4190.

4160   Zeige Funktion an. Rufe Subroutine zur Dateneingabe in das Feld.

4170   Schließe Datensatz in Klammern ein (Schutzzeichen).

4180   Ersetze im Datensatz das zu ändernde Feld durch das neu eingegebene.

4190   Entferne die Klammern.

4200   Prüfe, ob alle Felder verarbeitet wurden. Wenn ja, überspringe nächste Zeile.

4210   Erhöhe Zeichenpositionszähler. Erhöhe Feldzähler. Bearbeite nächstes Feld.

4220   Wenn alle Sätze bearbeitet wurden, Rückkehr zum Befehlsmenü.

4230	Frage, ob nächster Satz geändert werden soll.
4240	Limitiere Eingabe auf ein alphanumerisches Zeichen. Wenn Eingabe nicht 'J', Rückkehr zum Befehlsmenü.
4250	Andernfalls erhöhe Satzzähler und bearbeite nächsten Datensatz.
4900	Subroutine zur Darstellung des Funktionskopfes ÄNDERN.
5000	Routine LÖSCHEN. Rufe Subroutine zur Prüfung, ob File leer ist. Wenn Flagge gesetzt ist, lösche Flagge und kehre zum Befehlsmenü zurück.
5100	Lösche Bildschirm, zeige Funktion an, zeige höchste Satznummer an.
5110	Rufe Subroutine, um Bereich der zu löschenden Sätze zu erhalten. Wenn Fehlerflagge gesetzt, lösche Flagge, beende die Operation und kehre zum Befehlsmenü zurück.
5120	Lösche Schirm. Bestätige angegebene Datensätze.
5130	Ersuche um Bestätigung.
5140	Begrenze Eingabe auf ein alphanumerisches Zeichen. Wenn Antwort nicht 'J', dann neuerliche Bereichseingabe.
5200	Berechne die Anzahl der zu löschenden Sätze. Wenn der höchste zu löschende Satz unter dem Satz mit der höchsten Nummer liegt, bilde eine Schleife: Schleifenzähler ist die Anzahl der zu löschenden Sätze. Überschreibe die zu löschenden Sätze mit Sätzen höherer Nummer.
5210	Setze Zähler gleich der Anzahl der zu löschenden Sätze. Verringere Satzzähler. Setze nicht gebrauchte Satzelemente auf Null. Wiederholung, bis alle Sätze gelöscht sind. Zeige Zahl der übriggebliebenen Sätze an. Rückkehr zum Befehlsmenü.
5700	Unterprogramm zum Einlesen des zu verarbeitenden Satzbereichs.
5710	Akzeptiere Benutzereingabe. Wenn '0' eingegeben, setze Flagge, da Operation beendet werden soll. Rücksprung aus Subroutine.
5720	Wenn eingegebene Nummer gültig ist, überspringe nächste Zeile.
5730	Setze Fehlermeldung und zeige sie an. Lösche Zeile am Bildschirm. Versuche neuerliche Eingabe.
5740	Speichere Anfangsnummer. Fordere letzte zu bearbeitende Datensatznummer an.
5750	Akzeptiere Eingabe. Wenn '0' eingegeben, setze Flagge zur Beendigung der Prozedur. Rücksprung.
5760	Wenn eingegebene Nummer niedriger als Startnummer oder größer als höchste Satznummer, setze eine Fehlermeldung mit Anzeige. Lösche letzte Benutzereingabe am Schirm. Versuche es nochmals.
5770	Speichere 'End'-Satznummer. Rücksprung.
5790	Subroutine für Eingabe einer dreiziffrigen ganzen Zahl.
5800	Prozedur zur Prüfung, ob File leer ist. Wenn Satzzähler gleich Null, setze eine Fehlerflagge und lösche die Anzeige. Verständige Benutzer, daß File leer ist. Warteschleife zum Lesen der Meldung.

5810   Rücksprung.

5900   Subroutine zur Anzeige der Nummer des letzten Datensatzes im File.
        Zeige laufenden Wert des Satzzählers. Warteschleife zum Lesen der
        Meldung.

6000   Routine LISTEN. Prüfe, ob File leer ist. Wenn ja, lösche Flagge und
        kehre zum Befehlsmenü zurück.

6100   Zeige Funktion an. Zeige Nummer des höchsten Satzes an.

6110   Rufe Unterprogramm zum Einlesen des Satzbereiches, der bearbeitet
        werden soll. Wenn Fehlerflagge gesetzt, Abbruch und Sprung zum
        Befehlsmenü.

6200   Rufe Subroutine zur Feststellung, welche Felder der Benutzer unter-
        drückt haben will.

6210   Lösche Schirm. Wenn Druckerflagge (C) gesetzt ist, sende Ausgabe an
        Drucker.

6220   Rufe Subroutine zur Darstellung des Listformats.

6230   Schleife über alle angegebenen Sätze.

6240   Rufe Subroutine zur Datensatzausgabe.

6250   Schleifenende.

6260   Einige Leerzeilen. Abschalten des Druckers. Rückkehr zum Befehls-
        menü.

6500   Subroutine zur Feststellung, welche Felder der Benutzer unter-
        drücken möchte. Rufe Subroutine zum Löschen der Elemente des
        Feldstatusarrays. Rufe Subroutine, um zu fragen, ob Benutzer Felder
        unterdrücken möchte.

6510   Limitiere Eingabe auf ein Zeichen. Lese Eingabe. Überspringe näch-
        ste Zeile, wenn Eingabe nicht 'J'.

6520   Rufe Routine zur Anzeige einer Benutzeranweisung. Rufe Routine
        zur Eingabe der zu unterdrückenden Felder.

6530   Rufe Routine zur Eingabe, ob Satznummern bei Ausgabe unter-
        drückt werden sollen.

6540   Limitiere Eingabe auf ein alphanumerisches Zeichen. Wenn Eingabe
        'J' ist, setze Flagge (D) und überspringe nächste Zeile.

6550   Lösche Unterdrückungsflagge, da Satznummern gezeigt werden
        sollen.

6560   Rufe Subroutine zur Angabe, ob die Ausgabe am Drucker oder am
        Bildschirm erfolgen soll.

6570   Limitiere Eingabe auf ein alphanumerisches Zeichen. Wenn Antwort
        'D' ist, setze Printerflagge und springe zurück.

6580   Bei ungültiger Antwort (weder D noch S) setze und zeige eine Fehler-
        meldung. Lösche die letzte Eingabe vom Schirm. Rücksprung und
        neuerlicher Versuch.

6590   Eingabe ist 'S'. Lösche Flagge, Rücksprung.

6600	Subroutine zur Darstellung des Satzformats. Anzeige einer Titelzeile.
6610	Bilde Schleife zur Prüfung der Feldstatuselemente. Wenn das Feld markiert ist, unterdrücke die Ausgabe durch Überspringen.
6620	Wenn die Feldnummer nur eine Ziffer enthält, schiebe eine Leerstelle ein zur besseren Darstellung.
6630	Ausgabe von Feldnummer und Feldname. Mittels der Feldnamenlänge wird die Anzahl von Leerstellen berechnet, die für eine schöne Ausgabe gebraucht werden. Wenn weniger als 10 Zeichen im Feld zugelassen sind, füge eine zusätzliche Leerstelle ein.
6640	Anzeige der Feldlänge und 'N', wenn das Feld numerisch ist.
6650	Wenn das Feld alphanumerisch ist, drucke 'A'.
6660	Schleife für Ausgabe des Formats des nächsten Felds. Nach Beendigung einige Leerzeilen und Rücksprung.
6700	Subroutine zur Ausgabe eines Datensatzes. Überspringe nächste Zeile, wenn Satznummern unterdrückt werden sollen.
6710	Ausgabe der Satznummer.
6720	Initialisiere den Zeichenpositionszähler. Schleifenanfang zur Überprüfung aller Felder im Satz. Überspringe nächste Zeile, wenn Feldstatuselement gesetzt ist.
6730	Ausgabe des Feldinhalts.
6740	Erhöhe den Zeichenpositionszähler. Ausgabe des nächsten Feldes. Leerzeile zwischen Datensätzen.
6750	Bei Druckerausgabe Rücksprung.
6760	Bei Bildschirmausgabe drucke einige Leerzeilen. Frage nach Fortsetzung oder Abbruch.
6770	Warte auf Tastendruck. Bei 'RETURN' Abbruch durch Setzen der Schleifenvariablen auf Endwert und Rücksprung.
6780	Lösche Schirm und Rücksprung.
6800	Subroutine zur Markierung von Feldern für gesonderte Behandlung. Hinweis für Benutzer, wie weiter vorzugehen ist.
6810	Information an Benutzer, wie die Eingabeliste beendet werden kann.
6820	Limitiere Eingabe auf zweistellige ganze Zahl. Behandlung einer ungültigen Eingabe.
6830	Ende der Routine bei Eingabe von '0'.
6840	Setze laufendes Feldstatusarrayelement auf '1' zur Markierung. Lösche laufende Eingabezeile vom Schirm und springe zurück, um neuen Input zu holen.
6900	Subroutine zum Nullsetzen der Feldstatuselemente.
6910	Meldung
6920	Meldung
6930	Meldung
6940	Meldung

7000   Routine SUCHEN. Prüfe, ob File leer ist. Wenn es leer ist, lösche
        Flagge und springe zum Befehlsmenü.
7100   Lösche den Schirm. Zeige Funktion an. Rufe Subroutine zur Darstel-
        lung der letzten Satznummer im File.
7110   Rufe Subroutine zum Einlesen der Satznummern zur Verarbeitung.
        Wenn Flagge gesetzt, löschen und Abbruch mit Rücksprung zum
        Befehlsmenü.
7200   Rufe Unterprogramm zur Prüfung, welche Felder unterdrückt werden
        sollen, ob Satznummer auf Drucker oder Bildschirm ausgegeben wer-
        den sollen.
7210   Lösche Bildschirm, frage nach Suchfeld.
7220   Begrenze Eingabe auf 10 alphanumerische Zeichen.
7230   Rufe Subroutine zur Prüfung der Gültigkeit von Feldnamen. Wenn
        Flagge gesetzt ist, wurde kein Feldname gefunden. Lösche Flagge
        und neuerlicher Versuch.
7300   Frage nach zu suchender Zeichenfolge (Suchstring).
7310   Limitiere Eingabe auf Maximallänge des zu prüfenden Feldes. Lese
        Eingabe.
7320   Initialisiere Zeichenpositionszähler. Wenn nicht erstes Feld des
        Datensatzes, erhöhe in Schleife den Zeichenpositionszähler, so daß er
        auf das erste Zeichen des Suchfeldes zeigt.
7330   Lösche Schirm. Bei Ausgabe auf Drucker, schalte ihn an.
7340   Zeige Funktion an. Nachricht über Datensatzbereich.
7350   Zeige Suchstring an.
7400   Bilde Schleife über zu prüfenden Satzbereich.
7410   Bilde Teilzeichenkette.
7420   Bilde Schleife über alle möglichen Vergleichspositionen.
7430   Prüfe auf Übereinstimmung mit Suchstring. Überspringe Ausgabe-
        teil, wenn keine Übereinstimmung gefunden wurde.
7440   Rufe Ausgaberoutine, wenn Übereinstimmung gefunden wurde.
7450   Abbruch der Schleife durch Setzen des Zählers.
7500   Weiterer Vergleich im laufenden Feld. Suche in nächstem Satz.
7510   Ende der Routine. Abschalten des Druckers. Zurück zum Befehls-
        menü.
7900   Subroutine zur Überprüfung der Gültigkeit eines Feldnamen. Initia-
        lisierung der Flagge 'Gültiges Feld' auf −1. Bilde Schleife über alle
        Feldnamen, prüfe auf Übereinstimmung. Wenn erfolgreich, beende
        Schleife und setze Flagge zur Anzeige des Feldes.
7910   Wenn erfolglos, Suche fortsetzen.
7920   Bei Erfolg Rücksprung mit gesetzter Flagge.
7930   Andernfalls lösche Anzeige und informiere den Benutzer, daß der
        angegebene Feldname illegal ist. Warteschleife.

7940	Zeige die gültigen Feldnamen an.
7950	Liste der gültigen Feldnamen. Warteschleife zwischen Namen.
7960	Setze Fehlerflagge und kehre zurück.
8000	Prozedur SORTIEREN. Prüfe, of File leer ist. Wenn leer, lösche Fehlerflagge und Rücksprung.
8100	Lösche Anzeige. Zeige Funktion an. Rufe Subroutine zur Anzeige des höchsten Satzes.
8110	Rufe Unterprogramm zur Eingabe des Satzbereichs. Bei Fehler Rücksprung zum Befehlsmenü.
8120	Prüfe, ob Bereich mindestens zwei Sätze umfaßt. Im Fehlerfall Fehlermeldung und Rücksprung zum Befehlsmenü.
8200	Schirm löschen. Frage nach Sortierfeld.
8210	Limitiere Eingabe auf 10 Zeichen. Lese alphanumerische Eingabe.
8220	Rufe Subroutine zur Prüfung, ob ein gültiger Feldname eingegeben wurde. Wenn nicht, lösche Flagge und springe zurück zu neuem Leseversuch.
8300	Lösche Schirm. Zeige Meldung über laufenden Sortiervorgang und Satzbereich.
8400	Setze Anfangs- und Endwerte für Zeiger auf Datensätze. Initialisiere Zeichenpositionszähler. Suche mittels Schleife erstes Zeichen eines Feldes, wenn nicht erstes Feld.
8410	Berechne die Anzahl der zu sortierenden Sätze.
8420	Nimm die Hälfte davon.
8430	Wieviel Sätze bleiben übrig?
8440	Initialisiere Vertauschungsflagge.
8450	Bilde Schleife zur Verarbeitung der zu ordnenden Sätze.
8460	Zeiger auf die Arrayelemente, die die Sätze enthalten.
8470	Wenn Schlüsselfeld numerisch ist, überspringe nächste Zeilen.
8480	Vergleiche Felder in verschiedenen Sätzen. Wenn alphabetische Ordnung besteht, Vertauschungsteil überspringen.
8490	Überspringe numerisches Ordnen.
8500	Feld ist numerisch. Vergleich der Werte der entsprechenden Felder. Wenn bereits geordnet, überspringe Vertauschungsteil.
8510	Beginn der Vertauschung. Hilfsspeicher T$
8520	Vertauschung: 2. Schritt.
8530	Vertauschung: letzter Schritt.
8540	Setze Flagge zum Anzeigen einer erfolgten Vertauschung.
8550	Schleife für den nächsten Vergleich.
8560	Wenn Vertauschungsflagge gesetzt wurde, wiederhole den Vorgang.
8570	Wenn Vertauschungsflagge nicht gesetzt, halbiere das zu sortierende File. Wiederhole den Vorgang, bis Ordnung erreicht ist.
8580	Kehre zum Befehlsmenü zurück, wenn Sortieren abgeschlossen ist.

9000   Routine SUMMIEREN. Prüfe, ob File leer ist. In diesem Fall lösche Flagge und kehre zum Befehlsmenü zurück.

9100   Lösche Bildschirm. Zeige Funktion an. Informiere über höchsten Satz.

9110   Lese Satzbereich. Bei Fehler lösche Flagge und kehre zum Befehlsmenü zurück.

9200   Lösche Anzeige. Frage Benutzer nach dem Namen des Feldes, über das summiert werden soll.

9210   Begrenze Eingabe auf 10 alphanumerische Zeichen.

9220   Prüfe die Gültigkeit des eingegebenen Namens. Bei Fehler wiederhole den Leseversuch.

9230   Prüfe, ob das angegebene Feld tatsächlich numerisch ist. Wenn nicht, setze und zeige Fehlermeldung. Rückkehr zum Befehlsmenü.

9300   Initialisiere Summationsregister und Zeichenpositionszähler. Wenn nicht das erste Feld eines Satzes bearbeitet wird, bestimme in Schleife die Anfangsposition des Feldes.

9310   Bilde Schleife über den angegebenen Bereich.

9320   Summiere.

9330   Schleife.

9400   Nach Beendigung lösche Schirm und teile Ergebnis mit.

9410   Zeige den Satzbereich an.

9420   Zeige Summe an.

9430   Benutzer kann in Ruhe Ergebnis ablesen.

9440   Rückkehr zum Befehlsmenü.

10000   Routine LÖSCHE ARBEITSFILE. Lösche Bildschirm.

10010   Verifiziere Benutzerwunsch nach Löschung des Arbeitsfiles.

10020   Begrenze Eingabe auf ein Zeichen. Lese Zeichen.

10030   Wenn Antwort ungleich 'J', beende Vorgang und kehre zum Hauptmenü zurück.

10040   Bei Bestätigung durch Benutzer, lösche alle Variablen. Lösche Bildschirm mit Meldung. Rückkehr zum Hauptmenü.

11000   Routine DISK-KATALOG. Lösche Schirm. Definiere Fehlerbehandlungsroutine.

11010   DOS-Kommando für Diskettenkatalog.

11020   Gelegenheit, den Katalog zu lesen.

11030   Beende Katalog, setze normale Fehlermeldungen, zurück zum Hauptmenü.

12000   Ausstiegsroutine. Lösche Bildschirm. Informiere Benutzer über Konsequenzen. Verifiziere die Absicht.

12010   Eingabebegrenzung auf ein Zeichen. Wenn nicht 'J', zurück zum Hauptmenü.

12020   Lösche den Schirm und beende das Programm.

20000 Routine LESE DATENBANK VON DISK. Wenn Flagge 'File definiert' gesetzt ist, frage, ob das Arbeitsfile gelöscht werden soll, da sonst ein Einlesen nicht möglich ist.

20100 Wenn kein File im Speicher ist, bearbeite den Befehl weiter. Zeige die Funktion an.

20110 Initialisiere die Variablen und Arrays. Rufe Subroutine zum Einlesen des Filenamens. Setze Fehlerroutine.

20200 Öffne das Diskettenfile.

20210 Lesemodus.

20300 Lese Feldlängen/Feldstatusarray.

20310 Lese Feldnamenarray.

20320 Lese Datensätze.

20400 Schließe File.

20410 Setze Flagge 'File definiert'. Normale Fehlermeldungen. Zurück zum Hauptmenü.

20900 Subroutine zur Eingabe des Filenamens.

20910 Beschränke Eingabe auf 30 Zeichen. Lese alphanumerisch.

20920 Bilde DOS-Kontrollzeichen zum Ansprechen der Diskettenoperationen.

30000 Routine SPEICHERE FILE AUF DISK. Prüfe, ob File im Speicher. Wenn nicht, zurück zum Hauptmenü.

30010 Prüfe, ob File leer ist. Wenn es keine Information enthält, zum Hauptmenü.

30100 Lösche Anzeige. Zeige Funktion an.

30110 Lese Filename. Setze Fehlerroutine.

30200 Öffne File.

30210 Lösche File, falls neue Version eines bereits gespeicherten Files gespeichert werden soll.

30220 Öffne File nochmals.

30230 Setze Schreibmodus.

30300 Schreibe Feldparameterinformation.

30310 Schreibe Feldnamen.

30320 Schreibe Datensätze.

30400 Schließe File.

30410 Normale Fehlermeldungen. Zurück zum Hauptmenü.

30900 Fehlerroutine für Fehler bei Diskettenoperationen. Informiere Benutzer.

30910 Rückkehr nach Tastendruck zum Hauptmenü. Fehlerroutine wieder ausgeschaltet.

40000 Hauptmenü. Lösche Schirm.

40010 Zeige Option 1.

40020 Zeige Option 2.

40030 Zeige Option 3.
40040 Zeige Option 4.
40050 Zeige Option 5.
40060 Zeige Option 6.
40080 Leerzeilen für nicht benutzte Optionen.
40090 Zeige Option 9.
40500 Setze Cursor auf die 23. Zeile des Bildschirms und warte auf Eingabe einer Ziffer. Wandle ASCII-Angabe in Zahl um. Wenn die Zahl nicht zwischen 0 und 9 liegt, wiederhole die Eingabe.
40510 Bei gültiger Eingabe übergebe die Kontrolle den entsprechenden Programmroutinen. (Eingaben 0, 7, 8 wiederholen das Hauptmenü, da ihnen im Augenblick keine Funktionen entsprechen.)
41000 Befehlsmenü. Prüfe, ob Arbeitsfile vorhanden ist. Wenn nein, kehre zum Hauptmenü zurück.
41010 Lösche Schirm.
41020 Befehlsmenü: Option 1.
41030 Befehlsmenü: Option 2.
41040 Befehlsmenü: Option 3.
41050 Befehlsmenü: Option 4.
41060 Befehlsmenü: Option 5.
41070 Befehlsmenü: Option 6.
41080 Befehlsmenü: Option 7.
41090 Befehlsmenü: Option 8.
41100 Befehlsmenü: Option 9.
41500 Setze Cursor in 23. Zeile und warte auf Eingabe. Bilde Zahl und prüfe, ob die Zahl zwischen 0 und 9 liegt. Wenn nicht, wiederhole die Eingabe.
41510 Gehe zur entsprechenden Routine. Eingabe von '0' führt zur Wiederholung des Befehlsmenüs.
41900 Subroutine zur Überprüfung, ob ein File definiert wurde. Wenn nicht, informiere den Benutzer. Warteschleife. Setze Fehlerflagge.
41910 Rücksprung.
50000 Subroutine für alphanumerische Eingabe. Setze eine maximale Stringlänge.
50010 Lösche Inputpuffer.
50020 Warte auf Eingabe. Prüfe, ob das gelesene Zeichen ein 'Pfeil nach links' (zur Eingabenkorrektur) ist. Wenn nicht, überspringe Korrekturteil.
50030 Korrekturteil. Bereits mehrere Zeichen im Puffer: lösche letztes Pufferzeichen, verschiebe Cursor nach links, lösche Zeilenrest. Wiederum zur Eingabe.

50040 Wenn nur ein Zeichen im Puffer ist, lösche den Puffer und die Zeile. Zurück zur Eingabe.

50050 Eingabepuffer ist bereits leer, ignoriere Korrekturversuch.

50060 Komma gelesen. Rufe Fehlermeldungsroutine. Ignoriere Eingabe und setze fort.

50070 Überspringe einige Zeilen, wenn nicht Zeilenende ('RETURN') eingegeben wurde.

50080 Bei 'RETURN' prüfe, ob der Eingabepuffer Zeichen enthält. Wenn ja, beende Eingaberoutine.

50090 Puffer ist leer. Führe Fehlerroutine durch, ignoriere 'RETURN' und lese weiter.

50100 Prüfe, ob Pufferlänge durch neues Zeichen überschritten wird. Wenn ja, führe Fehlerroutine durch, ignoriere das Zeichen, und kehre zur Eingabe zurück. (Nur 'RETURN' oder der Linkspfeil werden noch akzeptiert!)

50110 Zeichen ist gültig, Puffer läuft nicht über. Zeichen wird dem Eingabepuffer angehängt und am Schirm dargestellt. Lese nächstes Zeichen.

51000 Subroutine für numerische Eingabe. Setze maximale Stringlänge und lösche Flagge 'ganzzahlig'.

51010 Lösche Eingabepuffer.

51020 Mit der alphanumerischen Eingaberoutine lese String.

51030 Wenn führendes Zeichen nulltes Zeichen im ASCII-Code ist, veranlasse Fehlermeldung (zur Vermeidung von Systemproblemen).

51040 Erstes Zeichen darf Dezimalpunkt oder negatives Vorzeichen sein, wenn der String länger als ein Zeichen ist.

51050 Erstes Zeichen beliebige Ziffer.

51060 Ein Fehler in der Eingabe ist passiert. Fehlermeldung. Lösche Eingabezeile, nochmaliges Lesen.

51070 Prüfe auf führende Nullen durch Umwandlung der Zeichenkette in Zahlenwert und Rückumwandlung. Vergleich der zwei Strings. Wenn ihre Längen verschieden sind, liegt Fehler vor.

51080 Wenn die Flagge 'ganzzahlig' nicht gesetzt ist, springe zurück.

51090 Prüfe, ob der Wert tatsächlich ganzzahlig ist. Wenn nicht, Fehlermeldung und neuer Einleseversuch.

51100 Zahl ist ganzzahlig. Wert ist in W, Stringdarstellung in W$ gespeichert. Rücksprung.

59500 Fehlermeldung: Kommas in Strings nicht zugelassen!

59510 Fehlermeldung: Erlaubte Feldlänge erreicht!

59520 Fehlermeldung: Keine Leereingaben!

59530 Fehlermeldung: Ungültige numerische Form!

59540 Fehlermeldung: Ganze Zahl eingeben!

59550 Fehlermeldung: Ungültiges Format!

59560 Fehlermeldung: Numerischer Wert außerhalb des erlaubten Bereichs
      (Feldnummer)!
59800 Subroutine zur Darstellung der Fehlermeldung. Speichere aktuelle
      Cursorposition. Setze Cursor an linken Rand der 22. Zeile.
59810 Rufe Subroutine mit akustischer Warnung.
59820 Zeige Fehlermeldung an.
59830 Veranlasse Warteschleife, um Zeit zum Lesen der Fehlermeldung zu
      geben.
59840 Lösche Fehlermeldung. Setze den Cursor wieder an die alte Stelle.
59850 Subroutine zum Löschen einer Zeile.
59950 Subroutine für akustische Warnung.
59970 Subroutine für Warteschleife, Variable I wird im rufenden Programm
      gesetzt und bestimmt die Dauer.
59980 Subroutine zum Löschen des Schirms und Drucken einiger Leerzeilen.
59990 Subroutine zum Drucken einiger Leerzeilen.

6.2 Bedeutung der Variablen

Die folgende Tabelle führt die hauptsächliche Verwendung der im Programm definierten Variablen an.

A$.... Hilfspuffer
A$(*) . Feldnamen
A(*) .. Feld- und Kontrollarray (s. Beschreibung in Kap. 5).
AA$ .. Flagge zur Anzeige, ob ein File definiert wurde.
B .... Arbeitsregister: Anzahl der in einem Feld erlaubten Zeichen, Anfangsposition eines Feldes.
B$(*) . Array der Datensätze.
B(*) .. Markierung von Feldern (Unterdrückung der Ausgabe, für Operation ÄNDERN)
C .... Hilfszähler; Druckerschalter.
CH ... Horizontale Cursorposition.
CV ... Vertikale Cursorposition.
D .... Flagge (zur Unterdrückung der Satznummeranzeige) und Hilfsspeicher.
D$.... DOS-Kontrollzeichen für Diskettenoperationen.
E .... Zeichenpositionszähler
E$.... Hilfsstring für Fehlermeldungen.
F .... Hilfsvariable.
G .... Fehlerflagge zur Anzeige eines Fehlers in einer Subroutine.
I ..... Zählvariable.
I$ .... Puffer für Eingabezeichen.
J ..... Zählvariable.

K .... Zählvariable.
L .... Zählvariable.
LC ... Maximale Zeichenzahl während der Eingabe.
LD ... Wenn von Null verschieden, wird nur ganzzahlige Eingabe akzeptiert.
LI .... Hilfsvariable.
T$ .... Hilfsstring.
W .... Speicher für numerische Eingabe.
W$.... Eingabestring.
X .... Hilfsvariable, auch bei Eingabe verwendet.
X$.... Hilfsstring, auch bei Eingabe verwendet.
Y .... Hilfsvariable.
Z .... Hilfsvariable.

6.3 Variablen-Tafel

```
A$
2200 2800 3150 4140

A$(*)
1130 1900 2830 6630 6630 7340 7900 7950 9400 20310 30310

A(*)
1250 1280 1300 1310 1420 1420 1430 1440 1900 2100 2200 2220 2220
2230 2240 2250 2250 2800 2810 2850 2850 2870 2870 2900 2900 3130
3140 3170 3180 3200 3200 4130 4180 4200 4210 4220 5200 5200 5210
5210 5210 5720 5760 5800 5900 6610 6630 6640 6640 6720 6730 6740
6820 7310 7320 7410 7420 7450 7900 7900 7950 8400 8470 8480 8480
8500 8500 9230 9300 9320 20300 20320 30300 30320

AA$
1000 1450 20000 20410 41900

B
1240 1310 1310 1310 1430 1430 1430 1430 1430 1440 1440 2100 2240
2240 3150 3180 3180 4140 4180 4180 4210 4210 7310 7320 7320 7340
7410 7420 7450 7900 7900 7920 8400 8400 8470 8480 8480 8500 8500
9230 9300 9300 9320 9400

B$(*)
1900 2100 2220 2220 3140 3140 3150 3170 3170 4170 4170 4180 4180
4180 4190 4190 4190 5200 5200 5210 6730 7410 8480 8480 8500 8500
8510 8520 8520 8530 9320 20320 30320

B(*)
1900 4040 4150 6610 6720 6840 6900

C
1430 1430 6210 6570 6590 6750 7330

CH
59800 59840
```

CV
59800 59840

D
6540 6550 6700 8440 8540 8560 9300 9320 9320 9420

E
6720 6730 6740 6740

E$
1230 1240 8120 9230 59500 59510 59520 59530 59540 59550 59560
59820

F
5200 5200 5210 7320 7320 7320 7410 8400 8400 8400 8480 8480 8500
8500 9300 9300 9300 9320

G
2000 2000 2900 2900 3000 3000 3010 3010 3200 3200 4000 4000 4040
4050 4050 5000 5000 5110 5110 5700 5710 5750 5800 5800 6000 6000
6110 6110 7000 7000 7110 7110 7230 7230 7960 8000 8000 8110 8110
8220 8220 9000 9000 9110 9110 9220 9220 30000 30000 30010 30010
41000 41000 41900

I
1010 1450 2870 2870 2900 3010 3140 3140 3140 3140 4040 4040 4050
5200 5200 5200 5200 5210 5210 5800 5900 6230 6250 6710 6730 6770
6900 6900 6900 7320 7320 7320 7400 7410 7500 7930 7950 8400 8400
8400 8450 8460 8480 8500 8510 8520 8550 9300 9300 9300 9310 9320
9330 10040 20300 20300 20300 20310 20310 20310 20320 20320 20320
30300 30300 30300 30310 30310 30310 30320 30320 30320 40500 40500
40500 40510 41500 41500 41500 41510 41900 59830 59950 59950 59950
59950 59970 59970 59970 59970 59970

I$
40500 40500 41500 41500 50020 50020 50030 50040 50060 50070 50110
50110

J
7420 7430 7450 7500 8410 8420 8420 8430 8460 8570

K
6720 6720 6730 6740 6740 7900 7900 7900 7900 7910 7950 7950 7950
8430 8450

L
6610 6610 6620 6630 6630 6630 6630 6640 6640 6660 8460 8480 8500
8520 8530

LC
1120 1220 1270 1350 2270 2850 3120 3220 4120 4240 5140 5790 6510
6540 6570 6820 7220 7310 8210 9210 10020 12010 20910 50000 50100
51000

LD
1220 2850 3120 4120 5790 6820 51000 51080 51100

LI
51070 51070

T$
7410 7430 8510 8530 30400 30400

W
1230 1230 1240 1250 3120 3130 3130 3140 3150 3150 3170 3170 3230
3230 4120 5710 5720 5720 5740 5750 5760 5760 5770 6820 6820 6830
6840 51010 51070 51070 51090 51090

W$
1130 1280 1290 1360 1370 2220 2280 2870 2870 2870 2870 3170 3220
4180 4240 5140 6510 6540 6570 6580 6770 6770 7350 7350 7900 7930
9440 10030 11030 12010 20200 20210 20400 30200 30210 30220 30230
30400 30910 50010 50030 50030 50030 50030 50040 50040 50080 50100
50110 50110 51030 51040 51040 51040 51050 51050 51070 51070 51070
51070

X
1110 1130 1210 1250 1260 1280 1300 1310 1320 1360 1360 1420 1430
2100 2230 2240 2240 2240 2800 2810 2830 2830 2850 2850 2870 2870
3150 3170 3180 3180 3180 4140 4150 4180 4200 4210 4210 4210

X$
7350 7420 7430 7430 7450 20200 20210 20400 20920 30200 30210
30220 30230 30400

Y
5120 5200 5740 5760 6230 7340 7400 8120 8300 8400 8400 8410 8450
9310 9410

Z
4120 4120 4130 4130 4140 4170 4170 4180 4180 4180 4190 4190 4190
4220 4250 4250 5120 5200 5200 5200 5770 6230 6770 7340 7400 8120
8300 8400 8400 8410 8430 9310 9410

END OF VAR. LIST

6.4 Tafel: Querverweise zwischen Programmzeilen

(d. h. Zeile 1000 wird mit GOTO oder GOSUB von Zeile 40510 erreicht.)

    1000
40510

    1030
1000

    1100
1360

    1220
1230 1240

    1270
1290

    1310
1280

```
   1350
1370

   1400
1310 1320

   1900
1030 20110

   2000
2280 41510

   2200
2240

   2250
2230

   2800
2210 3160 4160

   2830
2810

   2870
2850

   2900
2000 3000 3200

   3000
41510

   3120
3130

   3140
3230

   3160
3180

   3200
3170

   3900
3100 3160

   4000
41510

   4100
4050

   4120
4130

   4140
4250
```

```
     4150
4210

     4200
4150

     4220
4200

     4900
4010  4100  4160

     5000
41510

     5100
5140

     5700
5110  6110  7110  8110  9110

     5710
5730

     5740
5720

     5750
5760

     5790
5710  5750

     5800
3010  4000  5000  6000  7000  8000  9000  30010

     5900
3100  4100  5100  5210  6100  7100  8100  9100

     6000
41510

     6500
6200  7200

     6530
6510

     6560
6540

     6570
6580
     6600
6220  7350

     6660
6610  6640
```

```
    6700
6240 7440

    6720
6700

    6740
6720

    6800
4030 6520

    6820
6820 6840

    6900
4010 6500

    6910
6500

    6920
6520

    6930
6530

    6940
6560

    7000
41510

    7210
7230

    7500
7430

    7900
7230 8220 9220

    8000
41510

    8200
8220

    8420
8570

    8440
8560

    8500
8470

    8510
8490

    8550
8480 8500
```

```
     9000
41510

     9200
9220

    10000
20000 40510

    11000
40510

    12000
40510

    20000
40510

    20900
20110 30110

    30000
40510

    30900
11000 20110 30110

    40000
1 1020 10030 10040 11030 12010 20410 30000 30010 30410 30910 41000
41510

    40500
40500 40510 40510 40510

    41000
1450 2000 2290 3000 3010 3120 3200 3220 4000 4060 4120 4220 4240
5000 5110 5210 6000 6110 6260 7000 7110 7510 8000 8110 8120 8580
9000 9110 9230 9440 40510

    41500
41500 41510

    41900
30000 41000

    50010
1120 1270 1350 2270 2860 3220 4240 5140 6510 6540 6570 7220 7310
8210 9210 10020 12010 20910 51020

    50020
50030 50050 50060 50090 50100 50110

    50060
50020

    50100
50070

    51010
1220 2850 3120 4120 5790 6820 51060 51090
```

```
  51060
51030 51070

  51070
51040

  59500
50060

  59510
50100

  59520
50090

  59530
51060

  59540
51090

  59550
1290 1370 6580

  59560
3130 4130 5730 5760 6820

  59800
1230 1240 1290 1370 3130 4130 5730 5760 6580 6820 8120 9230 50060
50090 50100 51060 51090

  59850
1230 1240 1290 1370 3130 4130 5730 5760 6580 6820 51060 51090

  59950
59810

  59970
1010 1450 2900 3010 5800 5900 7930 7950 10040 41900 59830

  59980
1010 1100 1330 1400 2200 2900 3900 4900 5100 5120 5800 6100 6210
6780 6910 6920 6930 6940 7100 7210 7330 7930 8100 8200 8300 9100
9200 9400 10000 10040 11000 12000 12020 20100 30100 30900 40000
41010 41900

  59990
1010 1200 1250 1410 2200 2260 2840 3010 3100 3160 3210 4020 4100
4160 4230 5130 5700 5740 5900 6210 6260 6260 6760 7300 7310 7330
7350 7510 7510 7930 9410 9430 11020 12000 20100 30100 30900 40000
40000 41010 41010

END OF LN# LIST
```

7
Hinweise für den Programmierer

Kann jemand der Versuchung widerstehen, ein Programm zu verändern und zu erweitern? Wohl kaum! Daher wollen wir im letzten Teil dieses Buches jenen unternehmungslustigen Kollegen, die das vorliegende Programm nach ihrem Geschmack und ihren Bedürfnissen umgestalten wollen, Hilfestellungen und Anregungen bieten. Die vorangegangenen Kapitel haben die technische Information über das Programm geliefert. Das Schlußkapitel bietet Ideen an und möchte jene ermutigen, die sich den Reihen der „Programmierer kundenspezifischer Anwendungen" anschließen wollen.

7.1 Erste Regel

Fertigen Sie zuerst einige Kopien für die Archivierung an, bevor Sie an dem Programm Änderungen vornehmen! Natürlich dürfen Sie mehrere Kopien des Programms aus diesem Buch besitzen, wenn Sie diese für sich persönlich verwenden. Ihren Freunden sagen Sie aber bitte, wie preiswert dieses Buch ist, und wo sie es kaufen können. Wenn diese Art, Programme zu verbreiten, Erfolg hat, wird es möglich sein, auch in Zukunft preisgünstige Programme anzubieten, die dem Benutzer sehr viele Möglichkeiten bieten. Oder wollen Sie lieber kopiergeschützte Programme ohne Einblick in ihre Funktionsweise und ohne Möglichkeit zur Anpassung an die eigenen Wünsche?

Es empfiehlt sich auch, periodisch den letzten Stand des Programms, an dem Sie arbeiten, auf Diskette abzuspeichern. Man weiß nie, ob nicht etwas schief geht, ein Stromausfall oder ein Computerfehler sind immer möglich — und der Teufel schläft nicht! Außerdem spart Ihnen dies viel Ärger, wenn die gedachte Modifikation nicht das gewünschte Ergebnis liefert. Wenn Sie einmal begonnen haben, Änderungen vorzunehmen, kann man schnell die Übersicht verlieren und eine unbrauchbare Version des Programms erhalten. Es ist dann besser, die neueste Programmversion gekennzeichnet zu haben, auf die Sie zurückgreifen können, wenn das Programm zu „spinnen" beginnt.

7.2 Einfache Anpassungen

Beginnen wir mit einfachen Veränderungen. Eine der ersten könnte die Aufgabe sein, Platz für mehr Daten zu schaffen. Vielleicht kommt bald der Augenblick, an dem Sie während einer Anwendung bemerken, daß Sie „ein wenig mehr Platz" für Ihre Daten brauchen. Wie können Sie sich in dieser Situation helfen? (Wir meinen hier nicht, daß Sie mehr als 999 Datensätze verwenden wollen, Sie brauchen nur mehr Arbeitsspeicher!)

In diesem Fall könnten Sie Teile des Datenbankprogramms, die Sie nicht benötigen, entfernen. Dadurch gewinnen Sie Platz! Vielleicht kommen Sie in einer Anwendung ohne EINFÜGEN und ÄNDERN aus. Das schafft Platz. Vielleicht entfernen Sie auch SUCHEN und SUMMIEREN — noch mehr Platz wird frei!

Durch den modularen Programmaufbau ist es leicht, ganze Programmabschnitte zu entfernen. Aber ohne Nachdenken geht es nicht. Stets sollten Sie die Tabelle der Zeilennummern (s. Kapitel 6) zu Rate ziehen, bevor Sie Programmzeilen entfernen.

Nehmen wir einmal an, Sie wollen die Option EINFÜGEN entfernen. Aus der Lektüre des vorigen Kapitels wissen Sie sicher noch, daß die Zeilennummern dieser Routine mit der Nummer 3000 beginnen. Die fundamentalen Aufgaben werden in den Zeilen mit niedrigen Nummern durchgeführt. Subroutinen zu diesem Block tragen Nummern aus dem oberen Ende des Bereichs, z. B. beginnt eine Subroutine in Zeile 3900.

7.3 Benutzen Sie die Programmierhilfen

Ein Blick auf die Tabelle der Zeilennummern mit der Angabe, von welchen Zeilen sie aufgerufen werden, bei der Zeile 3000 hilft uns weiter. Diese Zeile wird von Zeile 41510 erreicht. Das ist das Befehlsmenü. Bevor Sie also Zeile 3000 eliminieren, sollten Sie überlegen, was bei Wahl der Option EINFÜGEN erfolgen soll. Eine einfache, aber nicht sehr schöne Lösung würde sein, die Zeile 3000 in GOTO 41000 abzuändern. Die Kontrolle würde sogleich wieder an das Befehlsmenü übertragen werden.

Allerdings bleiben einige Wünsche dabei offen. Zunächst würde das Menü eine nichtexistente Option anzeigen, nachdem Sie diese Fähigkeit des Programms entfernt haben. Wesentlich besser wäre es, das Menü so abzuändern, daß es die gestrichene Option nicht mehr anbietet. Ein kurzes Studium der Programmliste und des Kommentares sollte Ihnen zeigen, wie Sie die Modifikationen vornehmen können, wenn Sie wollen.

Was kann tatsächlich aus diesem Programmabschnitt gelöscht werden, der ursprünglich die Option EINFÜGEN enthielt? Aus dem Programmausdruck und der Zeilennummertabelle sehen Sie, daß mit Ausnahme der bereits diskutierten Zeile 3000 alle Zeilen des Blocks 3000—3900 gelöscht werden können. Dies deshalb, weil keine weitere Zeile von einer Zeile außerhalb dieses Blocks erreicht wird.

Dieselbe Situation gilt für die Routine ÄNDERN. Die erste Zeile dieses Moduls (4000) wird vom Befehlsmenü angesprochen, die restlichen Zeilen des Blocks sind in sich abgeschlossen. Daher könnten sie ohne Auswirkung auf das restliche Programm entfernt werden.

Doch Vorsicht, wenn Sie die Option SUCHEN loswerden wollen! Ein Blick in die Zeilennummertabelle zeigt, daß die Routine eine Unterroutine enthält, die in Zeile 7900 beginnt. Die Unterroutine wird von einigen anderen, außerhalb des Blocks 7000 bis 7510 gelegenen Routinen verwendet. Diese Subroutine zu entfernen, hätte „Abstürze" der anderen Routinen zur Folge. Daher sollten Sie die chirugische Operation auf die Zeilen 7000 bis 7510 beschränken. (Für die Zeile 7000 haben Sie sich schon etwas einfallen lassen, nicht wahr?)

Die gesamte Routine SUMMIEREN läßt sich problemlos entfernen. Der Zeile 9000 sollten Sie dabei die gewohnte Sonderbehandlung zukommen lassen. Auf diese wird im Befehlsmenü bezug genommen. Doch das wissen Sie schon längst! Machen Sie keine unüberlegten Einschnitte am Programm. Prüfen Sie stets, inwieweit die entfernten Zweige von anderen Programmteilen gebraucht werden, die weiterhin benutzt werden sollen. Die Zeilentabelle ist Ihnen dabei nützlich.

Dies sind natürlich nicht die einzigen Abschnitte, die eliminiert werden können. Wir haben sie erwähnt, weil es die wahrscheinlichsten sind. Auch ist das Bedürfnis nach größerem Arbeitsspeicher nicht der einzige Grund, Optionen zu entfernen. Darüber aber später!

7.4 Entschließen Sie sich zuerst!

Wir sollten hier erwähnen, daß Sie die Entscheidung, Teile des Programms zu entfernen und dadurch Arbeitsspeicher zu gewinnen, treffen müssen, bevor Sie die Datenbank anlegen.

Warum? Weil am Ende der Formatdefinition (siehe Zeilen 1430 und 1440) das Programm bestimmt, wieviel Platz für die Speicherung der Daten bleibt. Es gibt dann dem Arrayelement A (82) als Wert die Maximalanzahl an Datensätzen, die in diesem Raum enthalten sein können. Wenn Sie mit dem ursprünglichen Programm die Formatierung vornehmen, wird es diese Zahl auf Grund des verfügbaren Platzes bestimmen. Wenn Sie die Datei dann auf Diskette abspeichern, wird diese Information im Arrayelement A (82) mitabgespeichert. Bei einer späteren Verwendung der Datei mit einem Programm, das mehr Platz bietet, nützt das nichts, da A (82) weiterhin die Größe bestimmt und die Datei auf ihren ursprünglichen Umfang limitiert wird.

Wenn Sie also wissen, daß die Größe einer Datei zum Problem werden wird, dann zuerst an die Arbeit! Modifizieren Sie das Programm durch Entfernung nicht benötigter Optionen, bevor Sie die Datei definieren, um mehr Arbeitsspeicher zur Verfügung zu haben.

(Allerdings kann der erfahrene Programmierer auch das Problem lösen. Er wird durch direkte Manipulation von A (82) auch früher mit kleinerem Arbeitsspeicher definierte Datenbestände weiterverarbeiten können und dabei vom vergrößerten Arbeitsspeicher Gebrauch machen. Doch solchen „alten Hasen" brauche ich keinen Rat zu geben, die schaffen es allein.)

7.5 Beschränkter Zugriff

Wie ich früher sagte, wird der Wunsch nach größerem Arbeitsspeicher nicht der einzige Grund sein, warum Sie Funktionen des Programms entfernen wollen. Ein weiterer Grund könnte sein, daß Sie anderen Benutzern Ihrer Daten nicht alle Optionen erlauben wollen. Angenommen, Sie haben eine kleine Firma. Vielleicht haben Sie Ihre Kundenliste im Computer. Sie kommen auf die Idee, auch Ihren Angestellten die Nutzung der Datenbank zu gestatten. Wollen Sie jedoch, daß die Angestellten die Daten ändern oder löschen können?

Stellen Sie daher eine vereinfachte Programmversion zur Verfügung, die von anderen Personen verwendet werden darf. Entfernen Sie die Optionen ANFÜGEN, EINFÜGEN, ÄNDERN, LÖSCHEN. Vielleicht wollen Sie auch andere Operationen beschränken. Also ans Werk, bauen Sie eine Version, die Sie anderen Leuten geben können. Sie werden die Information ausgeben können, vielleicht noch sortieren, sicher auch nach Suchbegriffen durchsuchen können. Doch wenn die Benutzer nicht programmieren können, werden Sie an Ihren Daten keinen Schaden anrichten können.

Sie selbst können allerdings immer, wenn Sie wollen, die ursprüngliche Programmversion zur Datenpflege benutzen.

7.6 Neue Optionen

Sie können auch die entgegengesetzte Richtung einschlagen. Statt Optionen zu entfernen, können Sie auch neue Möglichkeiten Ihrer eigenen Vorstellung hinzufügen. Damit wird allerdings der Arbeitsspeicher beschnitten, der für die Datenbank zur Verfügung steht. (Das kann natürlich durch Weglassen bisheriger Optionen egalisiert werden.

Welche Fähigkeiten Sie ins Programm einbauen wollen, hängt nur von Ihrer Phantasie und Ihren Programmierkünsten ab.

Der modulare Aufbau und die konstante Satz- und Feldlänge erleichtern sehr das Einfügen zusätzlicher Optionen.

In den Zeilennummern gibt es genügend Platz für neue Routinen, besonders ist der Bereich der Zeilen von 13000 bis 19999 zu erwähnen.

Die Struktur der Menüabschnitte kann leicht kopiert werden, so daß Sie weitere Menüs definieren können. Indem Sie eine neue Ziffer (z. B. 0) in den ursprünglichen Menüs vorsehen, um zu den zusätzlichen Menüs zu gelangen, erhalten Sie die Flexibilität der Auswahl.

An welchen neuen Fähigkeiten des Programms könnten Sie interessiert sein? Das wissen Sie sicher besser als ich; doch um Ihnen einen Anstoß zu geben, möchte ich Ihnen einige Möglichkeiten anbieten.

Was halten Sie von mathematischen Operationen, die Spalten verknüpfen? Vielleicht brauchen Sie eine Option ADDIERE, die in einem angegebenen Satzbereich den Inhalt zweier Felder eines Satzes addiert und eventuell in einem der beiden Felder ablegt. Oder vielleicht soll das Ergebnis in einem dritten Feld abgelegt werden?

Sobald Ihnen dies gelungen ist, können Sie Erweiterungen zum Subtrahieren, Multiplizieren und Dividieren von Spalten problemlos einfügen.

Sie brauchen hier nicht stehen zu bleiben. Sie können weitere mathematische Funktionen einführen. Was wäre mit der Bestimmung von Maximal- und Minimalwert eines Feldes in einem Satzbereich, was mit dem Mittelwert oder der Streuung von Daten um den Mittelwert? Welche mathematischen Formeln brauchen Sie noch?

Oder sind Sie gar nicht an mathematischen Anwendungen interessiert? Welche neuen Anwendungen zur Manipulation alphanumerischer Daten benötigen Sie? Wollen Sie vielleicht alle Sätze finden, in denen ein bestimmtes Wort oder eine bestimmte Phrase vorkommt, um sie durch andere Ausdrücke zu ersetzen?

Wenn Sie eine umfangreiche Adreßliste führen, wäre folgendes eine brauchbare Erweiterung: die Fähigkeit, in einem File in einem Feld nach einem Schlüssel zu suchen und jene Sätze zu entfernen, die den Schlüssel (nicht) enthalten. Das bedeutet eine Kombination der Operationen SUCHEN und LÖSCHEN, die im Programm enthalten sind.

Wollen Sie die Ein/Ausgabefähigkeiten des Programms erweitern? Wollen Sie zwei Datenbanken vereinigen können? Sie könnten dann einige kleine Files zu einem großen verbinden. Wollen Sie vielleicht ein großes File in zwei kleinere Teile spalten?

Alle diese Möglichkeiten stehen dem geschickten Programmierer offen. Wie solche Erweiterungen vorzunehmen sind, liegt außerhalb der Intentionen dieses Buches. Hier sollten nur einige Anregungen für den Fall gegeben werden, daß ...

7.7 Änderung bestehender Routinen

Es ist nicht notwendig, neue Optionen zu entwickeln, um die Wirkungsweise des Programms zu verbessern. Viele Kleinigkeiten können oft durch geringfügige Modifikation der verschiedenen Routinen des Datenbankprogramms Ihren Wünschen angepaßt werden.

Vielleicht sind Sie mit dem Umstand nicht zufrieden, daß das Originalprogramm die Eingabe von Kommas nicht gestattet. Dazu hatte ich mich entschieden, um mögliche Eingabe/Ausgabe-Probleme zu vermeiden. Doch wenn Sie nun wirklich ein Komma brauchen? Wie kann man das erreichen? (Ein kleines Risiko ist dabei, wie Sie gleich sehen werden!)

Kommas werden durch die Routine für alphanumerische Eingaben gefiltert, die in der Zeile 50000 beginnt. Zeile 50060 leistet diese Aufgabe. Also weg mit ihr! Doch Vorsicht! Ein Blick in die Zeilennummertabelle zeigt, daß Zeile 50060 von Zeile 50020 erreicht wird. Wir müssen also den letzten Teil der Zeile 50020 ändern, aus dem "THEN 50060" soll eine "THEN 50070" werden.

Nach der Entfernung von Zeile 50060 können Sie auch Zeile 59500 löschen, das ist nur die Fehlermeldung bei der Verwendung von Kommas. (Vielleicht sollten Sie diese Zeile stehen lassen, Sie könnten sie trotzdem gebrauchen. Doch darüber später.)

Mit dieser Änderung können Sie tatsächlich Kommas mit Ihren Daten eingeben, wenn Sie das Programm benutzen. Wenn Sie niemals Daten auf Diskette abspeichern wollen, werden Sie keinen Unterschied bemerken. (Außer daß Sie jetzt Kommas eingeben können!)

Wo jedoch liegt der Pferdefuß? Bald würden Sie ihn entdecken; wenn Sie versuchten, Datensätze mit Kommas auf die Diskette zu schreiben und dann das File wieder hereinzulesen. Einige Daten würden fehlen und mit großer Wahrscheinlichkeit würde der Lesevorgang zur Katastrophe. Der Grund ist wahrscheinlich bekannt: Kommas in Zeichenketten, die nicht von Anführungszeichen umgeben sind, werden vom DOS anders behandelt, als die, die von Anführungszeichen eingeschlossen werden.

Auch hier gibt es Abhilfe. Eine weitere Programmänderung erlaubt das Schreiben und Lesen von Datensätzen, die Kommas enthalten. Dazu brauchen wir nur Zeile 30320 in folgender Weise abzuändern:

```
FOR I=0 TO A(81): PRINT CHR$(34);B$(I);CHR$(34):NEXT I
```

Das setzt jede Zeichenkette in Anführungszeichen, wenn sie auf Diskette geschrieben wird. Die Leseroutine braucht nicht geändert zu werden. DOS entfernt nämlich automatisch die Anführungszeichen und deutet Kommas nun so, wie der Benutzer es beabsichtigte: als Teil des Strings!

Glauben Sie, daß nun nichts mehr passieren kann? Es gibt noch einige Fallstricke. Was geschieht, wenn jetzt Kommas bei Eingaben erlaubt sind? Wenn nun jemand in Feldnamen Kommas verwendet? Wieder Probleme, wenn Sie das File von der Diskette lesen wollen!

Gibt es dafür einen Ausweg? Sicher! Hier die Möglichkeiten:

1. Informieren Sie den Benutzer, niemals Kommas in Feldnamen zu verwenden. (Das ist nicht zu empfehlen, denn es reizt die Neugier und Benutzer nehmen Ihnen das „niemals" nicht ab.)
2. Mit einer weiteren Modifikation der Routine zum Schreiben auf Diskette können Sie die Situation retten. Ändern Sie Zeile 30310 in:

```
FOR I= TO 39:PRINT CHR$(34);A$(I);CHR$(34):NEXT I
```

3. Bauen Sie eine eigenständige Eingaberoutine für Feldnamen, in der Kommas nicht zugelassen sind.

Bitte treffen Sie die Auswahl, es ist Ihr Programm! Welche Methode ist die beste? Glauben Sie, wir haben an sämtliche Nebeneffekte gedacht, die die Verwendung von Kommas im Programm mit sich bringt? Wie ich schon sagte, Sie bauen sich eine Programmversion nach eigenen Vorstellungen. Treffen Sie daher die Wahl, die Ihren besonderen Vorstellungen am weitesten entgegen kommt.

Vielleicht können Sie jetzt beurteilen, warum ich in der Originalversion die Verwendung von Kommas nicht zugelassen habe: es war die sicherste Methode, wenn ich den Computerneuling als Benutzer im Auge hatte. Sie, lieber Leser, können nun wählen, ob Sie Programmsicherheit gegen die Vorteile eintauschen wollen, die die Verwendung von Kommas bietet. Doch freuen Sie sich nicht zu früh, wenn Sie sich entschlossen haben, Kommas zuzulassen und das Programm entsprechend umzugestalten. Vielleicht gibt es andere Fallstricke für den Unvorsichtigen.

7.8 Namen statt Nummern

Sie haben bei der Benutzung des Datenbankprogramms sicher gemerkt, daß einige Optionen den Benutzer Felder mittels Namen identifizieren lassen. Andere Optionen wünschen eine Spezifizierung von Feldern durch Nummern.

Wozu die verschiedenen Methoden? Welche ist besser? Es gibt einige gute Gründe, beide zu verwenden, wie wir es getan haben. Es ist allerdings klar, daß die Entscheidung, eine spezifische Methode zu verwenden, großteils Geschmacksache ist.

Bei dem Programmentwurf schien es mir am komfortabelsten, ein Feld mit Namen angeben zu können, wenn ich Datensätze durchsuchte. Dies gilt auch für das Sortieren und Summieren.

Andererseits fand ich Problemstellungen, bei denen die Spezifikation einer langen Liste von Namen mühsam und fehlerträchtig ist. Das ergibt sich zum Beispiel bei der Angabe jener Felder, die beim List- oder Suchvorgang in der Ausgabe unterdrückt werden sollen. In solchen Fällen erschien mir die Eingabe der Nummern jener Felder, die ich nicht ausgegeben haben wollte, zweckmäßiger. Aus dem Umgang mit dem Programm wurde ich in dieser Auffassung bestärkt. Ich fand, daß ich nach längerer Arbeit mit einer speziellen Anwendung wußte, welche Felder nicht in der Listenausgabe gebraucht werden. Ich weiß dann, welche Position sie im Datensatz einnehmen, und Feldposition entspricht der Feldnummer. Bis ich soweit bin, selektiv Listen zu drucken, in denen verschiedene Felder unterdrückt sind, habe ich genug Material angesammelt, das ich zu Hilfe ziehen kann: Die Ausdrucke, die bisher gemacht wurden, enthalten alle Felder. Der Kopf dieser Ausdrucke enthält alle Feldnamen und Feldnummern. Daher ist es ein leichtes, mittels dieses Listenkopfs die Nummern jener Felder einzugeben, deren Ausgabe unterdrückt werden soll.

Vielleicht sind Sie anderer Meinung. Sie möchten Feldnamen eingeben können statt deren Nummern, wenn Ausgaben nicht gebraucht werden. Mit ein paar zusätzlichen Zeilen (Sie finden sicher eine bessere Lösung!) erreichen wir dies:

```
6200  GOSUB 5900
6202  GOSUB 59980:GOSUB 6910
6204  LC=1:GOSUB 50010:IF W$<> "J" THEN 6210
6206  GOSUB 59980: PRINT "UNTERDRÜCKE FELD (NAM):": PRINT
6208  LC=10:GOSUB 50010:GOSUB 7900:IF B>=0 THEN B(B)=1
6209  GOTO 6202
```

Ein Zeilenkommentar dieser neuen Zeilen wird das Verständnis erleichtern:

6200 Rufe Subroutine zur Initialisierung des Feldstatusarrays.
6202 Lösche Anzeige. Rufe Subroutine zur Frage, ob Benutzer ein Feld unterdrücken möchte.
6204 Limitiere Eingabe auf ein Zeichen. Lese. Wenn Antwort nicht "J", überspringe den Rest der Prozedur.
6206 Lösche Bildschirm. Frage nach dem Namen des zu unterdrückenden Feldes.

6208 Limitiere Eingabe auf 10 Zeichen. Lese Feldname. Prüfe auf Gültigkeit. Wenn B bei Rückkehr aus Unterroutine nicht negativ ist, benutze
den Wert von B als Zeiger auf das Element des Feldstatusarrays, das
zur Anzeige der Unterdrückung gesetzt werden muß.
6209 Rücksprung zur Prüfung, ob weitere Felder unterdrückt werden sollen.

Sie sehen, daß dieses Unterprogramm einige andere Routinen aufruft, die bereits im Programm enthalten sind. (Vielleicht möchten Sie eine andere Meldung als die in Zeile 6910, doch solche kosmetische Behandlungen bleiben Ihnen überlassen.) Sie brauchen nur die Programmliste und die Erläuterungen ein wenig zu studieren, um die Abläufe und durchzulaufenden Programmabschnitte festzustellen. Dann installieren Sie mit Sorgfalt die gewünschten Änderungen an den richtigen Stellen.

Ähnliche Änderungen können Sie bei den Routinen SUCHEN und ÄNDERN anbringen.

7.9 Von Namen zu Nummern

Vielleicht wollen Sie den anderen Weg einschlagen? Wollen Sie vielleicht in der Routine SUCHEN das Suchfeld nicht mit dem Namen, sondern mit seiner Nummer angeben? Eine Lösung könnte so aussehen:

```
7210 GOSUB 59980:PRINT "NUMMER DES SUCHFELDS:":PRINT
7220 LC=2:LD=1:GOSUB 51010:B=W−1
7230 IF B<0 OR B>=A(80) THEN GOSUB 59560:GOSUB 59800:GOSUB
59850:GOTO 7210
```

Der Kommentar zu diesen Zeilen:

7210 Lösche Bildschirm. Frage nach Feldnummer.
7220 Limitiere Eingabe auf 2 Zeichen. Lese ganze Zahl.

Subtrahiere 1, da die interne Nummerierung mit 0 beginnt.

7230 Prüfe, ob Feldnummer im erlaubten Bereich liegt. Wenn nicht, Fehlermeldung und neuer Leseversuch. Wenn ja, setze das Programm fort;
B enthält den Zeiger für das gewählte Feld.

Dieselben Instruktionen können für das SORTIEREN (mit Zeilennum-
mern 8200, 8210, 8220) und SUMMIEREN (Zeilennummern 9200, 9210, 9220) verwendet werden. Die Meldung in Zeile 7210 unseres Beispiels werden Sie sicher entsprechend ändern.

7.10 Änderungen in ÄNDERN

Die Option ÄNDERN wurde unter der Annahme entwickelt, daß der Benutzer eine Liste (vom Programm produziert!) zur Verfügung hat, wenn er seine Änderungen anbringen will. Dies könnte der Fall sein, wenn jemand eine Adreßliste verbessert. Typischerweise trägt man sich zuvor auf einem alten Ausdruck die fälligen Änderungen ein. Bei der Arbeit hat sie der Benutzer vor sich liegen.

Beim Ausprobieren des Programms wies ein Freund darauf hin, daß es Anwendungen geben kann, in denen es zweckmäßiger wäre, nicht auf eine gedruckte Liste angewiesen zu sein. Ein solcher Fall könnte vorliegen, wenn ein Feld Information über den Status eines Projekts oder ähnliches enthält. Diese Statusinformation muß periodisch geändert werden, um den Fortschritt (oder sein Ausbleiben) zu dokumentieren.

In solchen Situationen wäre es praktisch, würde die Routine ÄNDERN den gegenwärtigen Inhalt jener Felder anzeigen, die geändert werden sollen. Dies kann mit geringer Mühe erreicht werden. Sie brauchen bloß eine Zeile einzufügen und eine andere zu ändern:

```
2845  IF G=1THEN PRINT MID$(B$(Z-1),B,A(X)):FOR I=1 TO
A(X):PRINT"-";:NEXT I: PRINT
4160  GOSUB 4900:GOSUB 59990:G=1:GOSUB 2800:G=0
```

Zeile 2845 ist neu, Zeile 4160 eine leichte Änderung des Originals. Diese Zeilen haben folgenden Sinn:

2845 Wenn die Flagge G gesetzt ist, zeige den Inhalt des zu ändernden Felds an. Unterstreichen in der Länge des Feldes.
4160 Rufe Subroutine für Anzeige der Funktion. Einige Leerzeilen. Setze Flagge, um Dateneingaberoutine (Zeile 2800 bis 2880) den aktuellen Inhalt des Felds anzeigen zu lassen. Rufe Routine; Lösche die Flagge.

Mit Modifikationen können Sie den Feldinhalt vor jeder Änderung sehen. Sie können eine neue Eingabe machen oder den alten Text nochmal eingeben; eines von beiden müssen Sie auf jeden Fall tun!
Sicher werden Sie weitergehen wollen. Es wäre bestimmt angenehm, den gegenwärtigen Feldinhalt nach einer Präsentation nicht nochmals eintippen zu müssen, wenn keine Änderung gewünscht wird. Doch dies wird keine leichte Aufgabe! Hier einige Hinweise:
Erstens brauchen Sie eine weitere Zeicheneingaberoutine. Eine Routine zum Beispiel, die eine Leereingabe akzeptiert (das ist als einzige Eingabe die 'RETURN'-Taste). Die gegenwärtige Fassung verlangt mindestens ein weiteres Zeichen.

Zweitens müssen Sie zwischen einer Leereingabe und einer Eingabe von "Daten" unterscheiden können. Erstere könnte benutzt werden, um anzuzeigen, daß der gegenwärtige Inhalt des Feldes unverändert bleiben soll.

Drittens sollten Sie berücksichtigen, daß es zwei Typen von Feldern gibt, numerische und alphanumerische. Wie sollen numerische Eingaben behandelt werden?

Können Sie die ursprünglichen Eingaberoutinen (ab Zeilen 50010 bzw. 51010) so verändern, daß sie die neuen Möglichkeiten bieten?

Benutzen Sie alle Hilfsmittel dieses Buches, die Programmliste, den Kommentar, die Variablen- und Zeilennummerlisten. Sie werden Ihnen bei dieser Aufgabe sehr helfen.

Wenn Sie an der Routine ÄNDERN weiterbasteln wollen, hier sind einige Vorschläge:

(1) modifizieren Sie den Auswahlvorgang, um jene Felder anzugeben, die nicht geändert werden sollen (Vorsicht, das kann schwieriger sein, als sie auf den ersten Blick vermuten könnten!);

(2) wenn Sie dem Benutzer die Freiheit gegeben haben, ein Feld zu ändern oder ungeändert zu lassen, dann könnten Sie ihm alle Felder zur Bearbeitung anbieten. Das sollte leicht zu erreichen sein.

7.11 Verbesserungen in SUCHEN

Es gibt viele Möglichkeiten, SUCHEN zu verbessern. Sicher wollen Sie Ihr persönliches Datenbankprogramm durch Modifikation dieser Option besonders wirkungsvoll gestalten. Was könnten Sie dazu brauchen? Vielleicht folgendes:

Sie könnten die Grundfunktion des Suchens verdoppeln und verschachteln, so daß zwei oder mehrere Felder innerhalb jedes Satzes überprüft werden. Außerdem könnten Sie dem Benutzer die Möglichkeit zu einer Booleschen (logischen) Verknüpfung zwischen den Inhalten der Felder geben. Das heißt, Suchstrings für jedes Feld anzugeben und zu spezifizieren, daß ein Satz nur unter bestimmten logischen Kriterien auszugeben sei, z. B. wenn in Feld A und in Feld B Übereinstimmung gefunden wurde.

Sie könnten aber auch mehrfache Suchstrings für dasselbe Feld zulassen. Auch hier gibt es breiten Spielraum für logische Entscheidungen zwischen jenen Suchstrings.

Welche weiteren Möglichkeiten für eine höhere Flexibilität des Suchvorgangs gibt es? Wollen Sie die Möglichkeit vorsehen, innerhalb eines Suchstrings Zeichen beliebig zu lassen? Etwa in der Form, daß z. B. der Suchstring B**T zu Übereinstimmung mit BROT, BOOT, BART, ... führt. Oder wollen Sie die Position von Zeichen innerhalb des Feldes vorschreiben. Im ursprünglichen Suchverfahren wurde Übereinstimmung gemeldet, wenn der Suchstring irgendwo im geprüften Feld gefunden wurde. Vielleicht wollen Sie nur dann eine Übereinstimmung gemeldet haben, wenn sie an vorgegebenen Positionen zutrifft.

Ein Wort zur Vorsicht ist hier angebracht. Suchverfahren belegen viel Speicher. Die großen und wirkungsvollen Datenbankprogramme, von denen Sie sicher schon gehört haben, besitzen oft ausgezeichnete Suchverfahren, für die sie entsprechend berühmt sind. Das geht jedoch auf Kosten eines umfangreichen Arbeitsspeichers. Meist residieren diese Programme zum Großteil auf Platten, und nur ein kleiner Teil, der gerade gebraucht wird, ist im Arbeitsspeicher geladen. Dadurch steht mehr Platz für Daten zur Verfügung.

Dieses relativ kleine, im Speicher residierende Datenverwaltungsprogramm ist nicht dazu bestimmt, Programmteile auf Diskette zu belassen und bei Bedarf nachzuladen. Das wäre zuviel Aufwand. Verlassen Sie nicht den Boden der Tatsachen bei Ihren Verbesserungen des Suchverfahrens, nur um dann feststellen zu müssen, daß der Speicherplatz für eine vernünftige Anwendung nicht ausreicht! (Sie können jedoch eine kleine Bibliothek von Versionen dieses Programms anlegen, von denen jedes nur bescheidenen Speicherbedarf hat. Jedes kann eine bestimmte Option enthalten!)

7.12 Bitte beachten!

Datenbanken, wie sie dieses Programm aufbauen hilft, sind vom verfügbaren Speicher abhängig. Das habe ich schon erklärt. Trotzdem will ich noch einmal daran erinnern. Vergessen Sie es nicht, wenn Sie Programmversionen mit verschiedenen Fähigkeiten und verschiedenem Platzbedarf basteln.

Im wesentlichen geht es um folgendes: Wenn Sie eine Datei mit einem Programm erstellt haben, das 18 K Speicher, nachdem das Programm selbst geladen wurde, zur Verfügung stellt, ist das der Raum, der für die Datei zur Verfügung steht. Wenn Sie nun das Programm modifizieren und vergrößern, kann es geschehen, daß Sie ihre Daten nicht mehr bearbeiten können.

Als Daumenregel also gilt: Wenn mit Programmversionen verschiedenen Speicherbedarfs die Dateien bearbeitet werden sollen, dann erzeugen Sie die Dateien mit der Programmversion, die für die Daten den geringsten Platz beläßt. Damit erhalten Sie die kleinste Datensammlung, die jedoch mit jedem Ihrer Programme bearbeitet werden kann.

7.13 Programmkosmetik

Haben Sie das Programm einige Zeit verwendet, werden Sie sicher einige Optionen finden, die Sie verbessert haben wollen. Vielleicht wollen Sie immer (nie) Satznummern, wenn Sie ein File listen, und Sie müssen immer dieselbe Frage im selben Sinn beantworten. Das ist ärgerlich. Nehmen Sie sich ein paar Sekunden Zeit und ändern Sie das Programm. Sie sparen nicht nur Zeit bei der späteren Programmdurchführung, Sie machen sich die Arbeit einfacher.

Das können Sie mit jeder Option machen. Wenn Sie jedoch niemals zwischen verschiedenen Möglichkeiten wählen wollen, richten Sie das Programm so ein, daß kein Auswahlvorgang mehr erfolgen kann.

7.14 Letzte Bemerkungen

Fortgeschrittene Programmierer werden wohl mit anderen Verbesserungen „spielen" wollen.

Eine der Unannehmlichkeiten aller BASIC-Systeme, und damit auch des APPLE II-Systems, besteht darin, daß der Speicherbereich für Zeichenketten periodisch „gesäubert" werden muß. Sie werden diese Eigenschaft vielleicht bisher noch nicht bemerkt haben. Doch wenn Sie große Datenmengen in einem File haben und etwa die Routine SORTIEREN benutzen, wird sie sich zeigen. Sie werden dann bemerken, daß das System anscheinend zufällig für einige Zeit zum Stehen kommt, um dann wieder fortzusetzen.

Diese „Gedankenpause" Ihres APPLE kann unangenehm lange andauern, wenn die Daten umfangreich sind. Die Zeit, die zum „Saubermachen" des Stringspeicherbereichs gebraucht wird, wächst mit der Zahl der gespeicherten Strings und mit Abnehmen des „freien" Speicherplatzes. Wenn Sie Ihre Datenbank vollständig füllen, wird das Problem besonders gravierend.

Für dieses Problem gibt es einige Lösungen. Eine besteht darin, das Problem praktisch zu vermeiden, indem Sie Datenbanken nicht bis zu ihrer maximalen Kapazität füllen. Erfahrung hat mir gezeigt, daß sich selten meine Datenfiles wirklich füllen. Wenn ich zu Beginn einer Arbeit vermute, daß eine Anwendung sehr umfangreich wird, teile ich die Daten in logisch getrennte Blöcke und lege statt einem zwei Datenfiles an. (Oder ich ziehe die Verwendung eines anderen Programms vor, das die Datensätze einzeln auf Diskette speichert.)

Von einer anderen Lösung habe ich nur gehört, ich habe sie jedoch nicht selbst versucht. Sie besteht darin, die Fähigkeiten zur Verarbeitung von Zeichenketten durch den APPLE mit Spezialprogrammen zu verbessern. Wenn Ihnen solche Routinen bekannt sind, werden Sie sie sicher einbauen wollen.

Anhänger des Programmierens in Maschinensprache sollten viel Befriedigung aus der Verbesserung dieses Programms gewinnen können. Ein Bereich, in dem sich Arbeit lohnt, ist die Routine SORTIEREN. Dieser Programmteil könnte durch ein Programm in Maschinensprache beträchtlich beschleunigt werden. Sortierzeiten von einigen Minuten für einige hundert Datensätze können auf Sekunden reduziert werden!

Ein ähnlich gutes Objekt für Verbesserungen mittels Routinen in Maschinensprache ist die Routine SUCHEN. Wiederum wäre die erhöhte Geschwindigkeit, mit der ein File durchmustert würde, der große Vorteil eines maschinensprachlichen Programms.

Dieses Thema übersteigt jedoch den Rahmen des Buches bei weitem. Mit der vollständigen Struktur und Funktionsbeschreibung des Datenbankprogramms und der umfassenden Dokumentation, besitzen Sie nun eine solide Grundlage, um solche Verbesserungen anzubringen.

7.15 Am Weg zu einem disk-residenten System

Ein im Speicher residierendes Datenbankprogramm, wie wir es in diesem Buch beschrieben haben, ist ein guter Anfang und weckt Interesse am Thema. Es hat viele praktische und nützliche Anwendungen und es ist relativ einfach. Somit erfüllt es einen pädagogischen Zweck. Dies gilt sowohl für eine Einführung in die Verwendung eines Datenverwaltungsprogramms, als auch für den Überblick über Aufbau und Konstruktion. Der interessierte und begeisterte Programmierer kann rasch die wichtigsten Begriffe erfassen. Wenn er dann möchte, kann er das Grundgerüst ausgestalten und verbessern.

Doch beschränkt natürlich jedes Programm, das es erfordert, alle Daten stets im Arbeitsspeicher zu haben, den Umfang an Daten, die bequem verarbeitet werden können. Der nächste Schritt in der Terminologie der Datenbanksysteme, ist das sogenannte "disk-residente" System. Damit wird ein System bezeichnet, bei dem das Datenfile ständig auf einer Magnetplatte gespeichert ist. Jedesmal, wenn ein Stück Information gebraucht wird, wird es tatsächlich von der Platte geladen.

Eine typische Diskette mit 5 1/4-Zoll Durchmesser kann heute Daten mit einem Umfang zwischen 100000 und 400000 Zeichen speichern. Größere Disketten mit 8 Zoll Durchmesser können bis zu einer Million Zeichen speichern. Und auf den neuen „harten" Magnetplattenspeichern für Arbeitsplatzcomputer können 10 Millionen Zeichen gespeichert werden. Daher können auf Platten wesentlich größere Datenbestände gespeichert werden, als im Arbeitsspeicher eines typischen Computers Platz finden.

Daten direkt auf der Platte zu verarbeiten hat Vor- und Nachteile. Der Hauptvorteil besteht darin, daß wesentlich mehr Datensätze gespeichert und angesprochen werden können. Die Nachteile liegen in der Verarbeitungsgeschwindigkeit und den Problemen des Plattenzugriffs. In einem System hoher Qualität kann der Benutzer diese Probleme vergessen. Für den Entwickler des Programms stellen sie jedoch eine hohe Herausforderung dar.

Zum Schluß des Buches möchte ich einen Punkt erwähnen, der für jene Leser von Interesse sein wird, die daran denken, selbst ein Datenbankprogramm auf Diskettenbasis zu entwickeln. Das Format mit fester Satzlänge, das wir für unser Programm gewählt haben, wurde deshalb gewählt, weil es die Grundlage für ein diskettenorientiertes Programm bilden kann.

Seien Sie sich jedoch bewußt, daß einige Probleme, die auftreten werden, keineswegs trivial sind. Sollten Sie das Projekt jedoch beginnen wollen, hier sind einige Tips.

Grundinformation über das Fileformat könnte in einem eigenen File auf Platte gespeichert sein. Das würde jene Information enthalten, die in den Arrays A ( ) und A $ ( ) unseres Programms gespeichert ist. Einige Elemente (wie zum Beispiel die Nummer des letzten Datensatzes) werden oft gelesen und geschrieben.

Information aus diesem File kann dann benutzt werden, um einzelne Sätze auf der Platte anzusprechen. Wenn alle Datensätze gleiche Länge haben, kann die Methode des wahlfreien Zugriffs (engl. *random access*) auf Plattenfiles zur Bearbeitung einzelner Datensätze eingesetzt werden. Sie ergibt einen relativ raschen Zugriff auf einzelne Sätze.

Die Entwicklung eines Programms, das die Erzeugung, die Änderung, das Ausdrucken von und vielleicht die Suche in Datensätzen ermöglicht, ist relativ einfach.

Die Probleme beginnen, wenn man zur Frage des Löschens einzelner Datensätze und zur Sortierung großer Datenbestände kommt. Soll man nach der Löschung das File kompakt machen, wie es in unserem Programm geschah? Das kann lange dauern, wenn jeder Datensatz gelesen und wieder auf Platte geschrieben werden muß! Und was passiert, wenn 200000 Datensätze sortiert werden sollen? Das in unserem Programm angewandte Verfahren ist dafür ungeeignet, besonders wenn einzelne Datensätze auf der Platte verschoben werden.

Denken Sie darüber weiterhin nach. Lesen Sie weitere Bücher. Probieren Sie eigene Ideen aus. Vergessen Sie nicht, daß es vor fünf Jahren noch keine Datenbankverwaltung auf Arbeitsplatzrechnern und Heimcomputern gegeben hat. Der begeisterte und zielstrebige Benutzer und Programmierer von Mikrocomputern hat immer noch gute Chancen, eine neue Methode einzuführen.

Sachwortverzeichnis

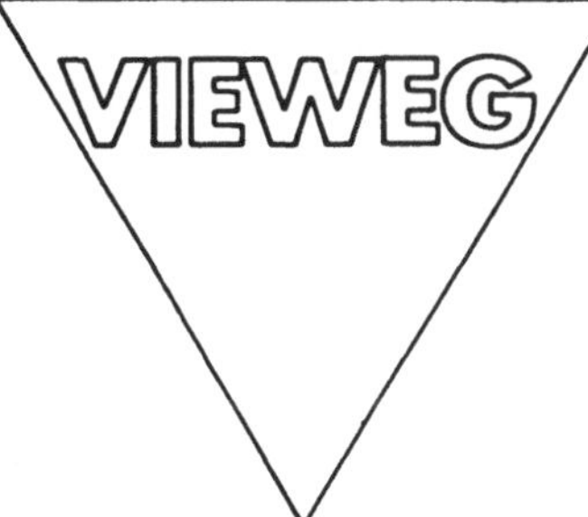

Howard Franklin, Joanne Koltnow und LeRoy Finkel
Spielprogramme für den Apple IIe
Spiele sowie Anleitungen, Techniken und Unterprogramme für die Eigententwicklung von Spielen. Aus dem. Amerik. von L. Schaaf. 1984. VIII, 126 S. 16,2 X 22,9 cm. Brosch.

Das Buch lehrt das Programmieren von Spielen, zeigt Aufbau, stufenweise Entwicklung und Ausbau von Computerspielen und stellt notwendige Unterprogramme und Techniken zur vollständigen Ausnutzung der Grafikmöglichkeiten vor. Man lernt seinen Bildschirm mit selbst entworfenen Bildern auszustatten und diese mit Musik und Klangeffekten zu kombinieren. Schließlich wird gezeigt, wie der Rechner zum Lehren und Lernen benutzt wird: in spielerischer Form lernen Kinder den Aufbau von Sprache und Zahlen, konstruieren Wortspiele und ganze Schichten.

Disketten-Set Spielprogramme für den APPLE IIe
Zwei 5 1/4" Disketten.

Peter Jakesch
Das Paket
Hrsg. von Roman U. Sexl. 1985. 5 1/4"-Diskette mit Begleitbroschüre.

Das Paket ist eine Sammlung von Hilfsprogrammen in Maschinensprache, das viel Programmierarbeit abnimmt. Es gibt Hilfestellung für selbstgestaltete Video-Spiele, hilft beim Zeichnen von farbigen Bildern, bei mathematisch-technischen Zeichnungen. Mit ausführlicher Dokumentation und Demonstrationsprogrammen.

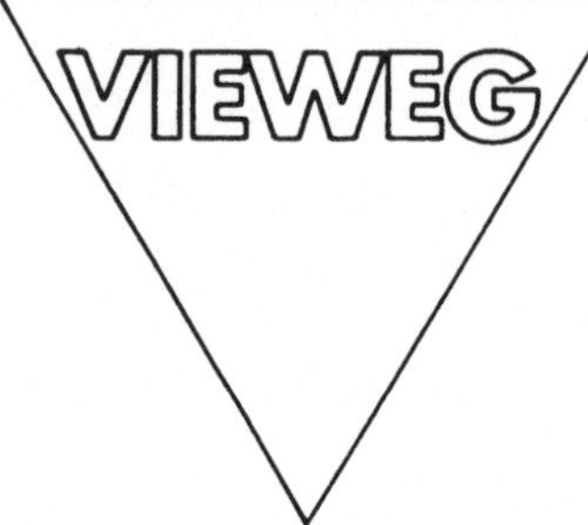

Ekkehard Kaier

BASIC-Wegweiser für den Apple II

Datenverarbeitung mit Applesoft-BASIC für Apple II/IIe und kompatible Mikrocomputer. 1984. X, 200 S. mit 80 vollst. Programmen und zahlr. Abb. 16,2 X 22,9 cm. Brosch.

Dieses Buch weist Wege zum erfolgreichen Einsatz von Computern der Apple II-Familie (Apple IIe, Apple II-Plus, sprachgleiche Systeme):
- Aktuelles Grundlagenwissen: Was ist Datenverarbeitung und welche Programme der Datenverarbeitung lassen sich mit dem Apple II lösen?
- Erste Bedienungsanleitung: Wie benutzt man den Apple II zur Ausführung fertiger Programme und zum eigenen Programmieren?
- Kompletter Programmierkurs: Welche Möglichkeiten bietet die Programmiersprache Applesoft-BASIC?

80 Programme, 7 Dateien, 24 Programmablaufpläne mit Struktogrammen und 84 Bilder geben einen anschaulichen Überblick.

Wolfgang Schneider

Strukturiertes Programmieren in BASIC

Eine Einführung mit zahlreichen Beispielen. 1985. 371 S. 16,2 X 22,9 cm. (Programmieren von Mikrocomputern, Bd. 13.) Brosch.

Die bevorzugte problemorientierte Programmiersprache für Mikrocomputer ist BASIC.

Der Band „Strukturiertes Programmieren in BASIC" in der Reihe Programmieren von Mikrocomputern richtet sich an Leser, die eine grundlegende Einführung in das Strukturierte Programmieren in BASIC wünschen. Vorkenntnisse sind nicht erforderlich.

Eine Vielzahl von Beispielen verdeutlicht die Regeln. Das Wichtigste wird einprägsam durch Merkregeln am Ende eines jeden Kapitels zusammengefaßt. Dies ist hilfreich, wenn sich der Anwender später schnell über Details informieren möchte. Mit Hilfe von selbst zu lösenden Übungsaufgaben in den einzelnen Kapiteln kann der Leser seine Kenntnisse überprüfen. Die richtigen Lösungen findet er am Ende des Buches.

Viele vollkommen programmierte und kommentierte Programme zeigen, wie man das Wissen aus den einzelnen Kapiteln anwendet.